Enzo Pifferi

TRANS SIBIRIEN

Auf der längsten Bahn der Welt

Orell Füssli

Enzo Pifferi wurde am 1. Juni 1940 in Mailand geboren. 1962 begann er als Fotoreporter zu arbeiten. Von der Lokalberichterstattung wechselte er bald zu internationalen Reportagen über, die ihn nach Israel, Rußland und in die Vereinigten Staaten führten.
Seine Aufnahmen erschienen zuerst in Zeitungen, dann auch in Büchern. Als Herausgeber hat er verschiedene Bildbände veröffentlicht, unter anderem eine Reihe über die Seen Italiens mit Texten von Piero Chiara, eine Monographie über Mailand mit Texten von Gianni Bera sowie mehrere Publikationen über Stadt und Region von Como, die auf besonderes Interesse gestoßen sind. Er ist mehrmals durch Sibirien gereist, um sich über die Transsibirische Eisenbahn von Moskau nach Wladiwostok zu informieren. Kürzlich hat er Papst Johannes Paul II. auf seiner Reise nach Polen begleitet und anschließend eine Bilddokumentation darüber herausgebracht.

Legenden zum Schutzumschlag

Vorderseite:
Eine typisch sibirische Landschaft: ein kleines Dorf mit Isben, aus deren Kaminen Rauch aufsteigt.

Rückseite:
Eisenbahnarbeiter scharen sich um ein kleines, wärmendes Feuer neben den Schienen.

Unten links:
Die Transsib fährt ein Stück weit am zugefrorenen Baikalsee entlang. Überall stehen Plakatwände mit Parteiparolen und Wahlslogans.

Oben rechts:
Auf dem nicht elektrifizierten Abschnitt zwischen Ulan-Ude und Chabarowsk wird eine Diesellok vorgespannt.

Unten rechts:
Viele junge Ehepaare ziehen der hohen Löhne wegen aus der europäischen Zone Rußlands nach Sibirien. Es gibt deshalb viele Kinder, und der sowjetische Staat hat auch in den kleinsten Dörfern entlang der Transsib ein perfektes Schulsystem organisiert.

Aus dem Italienischen übertragen von Dieter W. Portmann
Die Originalausgabe dieses Buches ist 1979 unter dem Titel Transiberiana Proibita im Verlag Editrice E. P. I., Como, erschienen.

6. unveränderte Ausgabe 1987

Idee, Konzeption und Realisierung: Enzo Pifferi
Graphische Gestaltung: Mariacristina und Francesco Frigerio
Umschlaggestaltung: Heinz von Arx, Zürich
Satz: Wiener Verlag, Wien
Reproduktion, Druck, Einband: AMILCARE PIZZI ARTI GRAFICHE S.p.A. CINISELLO B. (MILANO - ITALIA) - 1987
Printed in Italy
ISBN 3 280 01468 4

Guido Gerosa:

Sibirien, die letzte Grenze

Zu Beginn der achtziger Jahre könnte die Sowjetunion die größte Macht der Welt sein. Dies ist nicht die Utopie eines fanatischen Kommunisten; es ist eine Ansicht, die auch einige amerikanische Senatoren und sogar der ehemalige amerikanische Außenminister Henry Kissinger teilen. Angenommen, diese Prophezeiung wird – ob wir wollen oder nicht – eines Tages Wirklichkeit; was für eine Zukunft wird dann die sowjetische Hegemonie für uns bringen: Freiheit oder Sklaverei, Krieg oder Frieden? Die Antwort auf diese Frage liegt in jener Welt, die wir auf den folgenden Seiten kennenlernen werden. Sibirien, dieses Land zwischen dem neunzehnten Jahrhundert seiner legendären Eisenbahn und dem Jahr Zweitausend seiner Wasserkraftwerke; Sibirien, dieses Gleichgewicht zwischen Akademgorodok, der „Stadt der Wissenschaft", und Jack Londons Zauberland der Tundra und Taiga; Sibirien ist die Antwort, die das Rußland von morgen für uns alle bereithält. Aus diesem Land, aus Dostojewskis „Totenhaus", erklingen für den, der sie zu hören vermag, die Antworten, die dem Menschen eine Zukunft der Blüte, des Reichtums und der Macht versprechen.

Zweiundsechzig Jahre nach der Revolution, sechsundzwanzig Jahre nach Stalins Tod, präsentiert sich die Sowjetunion als gigantisches, äußerst machtvolles und zerbrechliches Gefüge. Dieser Gegensatz ist keineswegs absurd, denn Breschnews Imperium drohen heute die gleichen Gefahren des Untergangs wie damals dem Reich der Zaren. Die Aussicht auf einen Neubeginn für diese ungeheure militärische und wirtschaftliche Supermacht kann sich aber auch zerschlagen und sie in eine ausweglose Krise führen. Und die Hoffnungen der Sowjetunion beruhen auf dem Lebenshauch aus den unendlichen Eisflächen Sibiriens. Die Reisenden aus dem Westen, die in den zwanziger Jahren die neu geschaffene Welt der Sowjetunion kennenlernten, sprachen von Wunder und Hoffnung. „Ich habe die Zukunft gesehen, und sie funktioniert!", verkündete der amerikanische Schriftsteller Lincoln Steffens nach pflichtgemäß absolvierter Pilgerfahrt progressistischer Intellektueller in die Heimat der Revolution. Stalins Terror der dreißiger Jahre und Breschnews Regierung von Technokraten ließen dann den revolutionären Mythos verblassen. Und heute brauchen die Sowjetbürger, wie alle andern Völker der Welt auch, Konsumgüter und Träume. Und zum Glück wartet auf die neue Führung, die in den achtziger Jahren die Nachfolge von Breschnew antreten wird, ein Traum, den sie dem Volk anbieten kann: Sibirien, ein neues Eldorado.

Sibirien, ein Name, der im neunzehnten Jahrhundert, zur Zeit der Zaren und der Knute, der Deportationen, der Ketten und nihilistischen Bombenattentate Furcht und Schrecken verbreitet hat; Sibirien, heute das Symbol der Zukunft, Hoffnung und Traumphantasie. Sibirien singt für mindestens ein Drittel der Menschheit das Lied der Zukunft.

Eine Beschreibung jener mondähnlichen „neuen Grenze", die es zu erobern gilt, würde allein ein ganzes Buch füllen; aber die hervorragenden Fotografien von Enzo Pifferi sprechen ihre eigene Sprache von der menschlichen und poetischen Bedeutung dieser Dimension, die sich in Sibirien den Russen und der ganzen übrigen Welt öffnet. Traumvisionen von unberührten Ländern, unermeßlichen Bodenschätzen und unbegrenzten Vorräten an Energie und Mineralien, wie sie die Menschheit noch nie zuvor gesehen hat. Der sibirische Bauer läßt sein scharfes Auge genauso aufmerksam über diese unendlichen Weiten schweifen wie einst der amerikanische Cowboy über den Wilden Westen im sagenumwobenen neunzehnten Jahrhundert, in jener Zeit der Wanderungen und der unablässigen Annäherung an unbekannte Grenzen. Der ideologische und geistige Wert der „Grenze", wie ihn der amerikanische Historiker Frederick Jackson Turner beschrieben hat, hat auch in dieser neuen Welt in vollem Ausmaß Gültigkeit. Sibirien ist mit einer Fläche von ungefähr zwölf Millionen Quadratkilometern rund achtundvierzigmal so groß wie die Bundesrepublik Deutschland; es wird aber nur von ungefähr sechsundzwanzig Millionen Menschen bevölkert. Die drängende Neugier des Menschen, die ihn in diese Einsamkeit voller Überraschungen treibt, beruht im Grunde genommen auf den gleichen Motiven, denen die Menschheit die ersten Schritte auf dem Mond verdankt. Diese Ebenen wirken ebenso verlassen, wüstenhaft und öd wie der Mond, doch unter ihnen liegt ein sagenhafter Reichtum verborgen: dieses Sibirien, das auf den folgenden Bildern im fahlen Licht von Sonne und Mond wie ein Märchenland erscheint, birgt in seinem Innern Erdöl, Erdgas, Steinkohle, Braunkohle, Eisen, Kupfer, Zinn, Phosphate, Wolfram, Asbest und seltene Metalle und Mineralien in größeren Mengen als alle andern Vorkommen auf der ganzen Welt. Nicht zu unrecht hat man gesagt, unter den Eisdecken Sibiriens lägen alle Elemente des chemischen Periodensystems verborgen. Der Abbau nimmt geometrisch zu: 1964 wurden in der Region um Tjumen noch 200.000 Tonnen Erdöl gefördert; 1976 waren es bereits 180.000.000 Tonnen. In Sibirien liegen schätzungsweise Reserven von insgesamt mehreren Dutzend Trillionen Kubikmetern Erdgas und mehreren Milliarden Tonnen Erdöl.

Hier, im ungewissen Schein des Nordlichtes, in der Brise, die über Tausende von Seen weht, bei Völkern, die Dutzenden von Nationen angehören und Hunderte von Sprachen und Dialekten sprechen, die sich mit Temperaturen zwischen –72°C und +40°C zurechtfinden müssen – hier ist eine komplexe Zukunft für die ganze Welt im Entstehen. Bodenschätze und Entwicklungsmöglichkeiten sind beinahe unbegrenzt, doch stehen zwei Aspekte im Vordergrund: erstens müssen die Bodenschätze rationell ausgebeutet werden können, und dies ist wahrscheinlich nur mit aktiver Hilfe des Westens möglich und wenn das Klima der Beziehungen zwischen West und Ost auch weiterhin entspannt bleibt; zweitens können die Bodenschätze nur dann vollständig genutzt werden, wenn die sowjetische Bevölkerung eine reale Zuwachsrate aufweist.

Ist ein solches Wachstum im Sommer 1979, wo wir über Sibirien schreiben, voraussehbar? Das Problem ist vielschichtig, und es beleuchtet in seiner Tragweite die ganze geopolitische Situation in Sibirien. Etwas muß vorausgeschickt werden: die Ära Breschnew, die 1964 begonnen hat, geht heute eindeutig dem Ende zu, und zwar schon deshalb, weil ihre Führer alle in hohem Alter stehen und die Natur selbst für eine Ablösung sorgen wird. Aber was wird die jüngeren Führungskräfte erwarten, die dazu bestimmt sind, zu Beginn der achtziger Jahre in der Sowjetunion die Wachablösung zu übernehmen?

Das Problem der Bodenschätze in der Sowjetunion kann sehr heikel werden. Das CIA, dessen Analysen in punkto Genauigkeit allerdings auch nicht mehr den gleichen Ruf wie früher genießen, behauptet schon seit längerer Zeit, daß die Sowjetunion immer weniger Erdöl fördere und unter Umständen schon bald nicht mehr exportieren könne, sondern sogar importieren müsse. Will man einem der jüngeren Berichte Glauben schenken, dann ist die Erdölproduktion der Sowjetunion in letzter Zeit von 11,73 auf 11,35 Millionen Barrel pro Tag gesunken. In Rußland befürchtet man auch, daß die Förderleistung der Anlagen im westsibirischen Samotlor, die gegenwärtig die Hälfte des sowjetischen Erdölbedarfs decken, von 1981 an zurückgehen werde. In diesem Fall könnte die Sowjetunion im Jahr 1985 möglicherweise nur noch ungefähr 8 Millionen Barrel „Schwarzes Gold" pro Tag produzieren.

Dies hätte zweifellos Auswirkungen auf eine Wirtschaft, die immer deutlichere Zeichen von Spannungen erkennen läßt. Die Sowjetregierung hofft – falls die SALT-Vereinbarungen mit den Amerikanern wirklich zustande kommen –, jene 12 bis 13 Prozent des Bruttosozialproduktes, welche die aufwendige Aufrüstung heute verschlingt, einsparen und für den wirtschaftlichen Aufbau verwenden zu können. Dies wird jedoch nicht leicht sein. Während sowjetische Militärberater in Angola, im Südjemen, in Afghanistan und am Horn von Afrika für eine immer eindrucksvollere russische Präsenz sorgten, hatte die sowjetische Wirtschaft große Schwierigkeiten, auch nur die verhältnismäßig bescheidenen Ziele des Fünfjahresplanes 1976–80 zu erreichen.

Die Sowjetunion hat in diesen Jahren in der Tat etwas zurückstecken müssen. Im Vergleich zu den im Plan vorgesehenen 4,7 Prozent vergrößerte sich das Volkseinkommen im Jahre 1978 nur um 4 Prozent. Statt der erwarteten 6,3 Prozent nahm die Industrieproduktion im gleichen Zeitraum nur um 5 Prozent zu. Auch die Produktivität blieb mit einer Zunahme von nur 3,6 Prozent deutlich unter den Erwartungen von 5,5 Prozent. Die Produktion von Erdöl, Stahl und Zement enttäuschte im allgemeinen ebenfalls. Und die ersten sechs Monate des Jahres 1979 waren eher noch schlechter.

Auch die Landwirtschaft widerspiegelt die Schwierigkeiten eines Staates, der eifrig um ein Gleichgewicht bemüht ist. Die sowjetischen Planer haben 1979 ganze 25 Prozent der nationalen Investitionen für Nahrungsmittelindustrie und Landwirtschaft vorgesehen. Dies ist viel weniger als das, was zum Beispiel die Amerikaner für den gleichen Sektor aufbringen. Aber darin verketten sich unerbittlich die Widersprüche dieses Systems. Die kollektivierte Landwirtschaft und Nahrungsmittelindustrie produzieren nur zwei Drittel des Nahrungsmittelbedarfs der Sowjetunion; Leistungsunfähigkeit auf der einen, ungeheure Verschwendung auf der andern Seite. Das dritte Drittel liefert jenes Land, das die Bauern in privater Eigennutzung bebauen; dies sind jedoch nur 1,5 Prozent des gesamten urbaren Landes!

Für 1979 hat der Fünfjahresplan eine Rekordernte von 226,8 Millionen Tonnen Weizen vorgesehen; aber diese Hoffnungen haben sich in ihr Gegenteil verkehrt. Dafür hat die Sowjetunion unterdessen einen andern Rekord aufgestellt: sie muß heute für stolze zwei Milliarden Dollar pro Jahr Weizen und Nahrungsmittel aus den Vereinigten Staaten importieren.

Eine Gesellschaft, die mit ehrgeizigen Wachstumsraten Schritt halten will, braucht ein großes Potential an Arbeitskräften. Aber auch diese werden in der Sowjetunion immer knapper. In den siebziger Jahren vergrößerte sich dieses Potential pro Jahr durchschnittlich um zwei Millionen Arbeitskräfte. Es wird geschätzt, daß dieses Heer von Arbeitern in den achtziger Jahren nur noch um eine halbe Million pro Jahr zunehmen wird. Und dann wird die Regierung große Schwierigkeiten haben, den Anforderungen der verschiedenen Sektoren zu genügen; dann wird sie ein Kontingent von Arbeitern von den Sektoren Bau und öffentliche Dienste abziehen müssen, falls sie sich nicht entschließt, die Streitkräfte zu reduzieren, deren Bestand sich momentan auf 3.700.000 Mann beläuft.

Riesige Probleme, welche nur eine Veränderung und Umwälzung eines Staates nach sich ziehen können. Verknappung der Bodenschätze, Mangel an Arbeitskräften, Rückzug vom internationalen Markt (wenn das Erdöl tatsächlich knapper würde, müßte der Kreml den internationalen Export einschränken, der immerhin fünf Milliarden Dollar pro Jahr einbringt, oder aber er könnte die Bedürfnisse der Ostblockstaaten nicht mehr befriedigen). Unter diesen Voraussetzungen kann man wahrscheinlich nur vorhersagen, daß die Zukunft einige Unruhe bringen wird. Als einer der beiden Machtblöcke, die zur Zeit das Schicksal der Menschheit bestimmen, wird die Sowjetunion in wenigen Monaten oder Jahren ihren Höhepunkt erreichen, gleichzeitig aber auch den Punkt, an dem es kein Zurück mehr gibt. Viele Fachleute vertreten die Ansicht, sie werde zu Beginn der achtziger Jahre den Vereinigten Staaten militärisch und strategisch überlegen sein. Dies könnte sich aber möglicherweise nicht unbedingt zu ihrem Vorteil auswirken, sondern die latenten Kräfte an den Rand einer Explosion bringen und sie zu einer gewaltigen Überbelastung zwingen. Eine Aussicht voller Dramatik, aber nicht nur für die Sowjetunion, sondern für die ganze Welt.

Nach den vielen Gewichtsverschiebungen in der geopolitischen Lage der Welt haben wir heute die Möglichkeit, jede Situation von verschiedenen Gesichtspunkten aus zu beurteilen. Heute ist die Sowjetunion zweifellos jenes Machtsystem, das von 1917, als es das geschwächte Zarenreich abgelöst hat, bis 1979 die größte Entwicklung durchgemacht hat. Aber genau in diesem Moment werden die seit seiner Entstehung innewohnenden Risiken offenbar. Das wirtschaftliche Wachstum, das während der sechziger Jahre stets 6 Prozent pro Jahr betragen hatte, ist heute auf 4 Prozent gesunken, und Wirtschaftsexperten sind der Meinung, daß es in der ersten Hälfte der achtziger Jahre sogar auf nur 3 Prozent zurückgehen werde. Die Gründe dafür sind nicht nur in den wirtschaftlichen Problemen oder in der Energiekrise zu suchen. Es geht vielmehr darum, daß ein ganzer Staat auf den neuesten Stand gebracht werden, aus den starren Schemen ausbrechen muß, in denen er gefangen war, daß ein ganzer Staat einen gesunden Blick in die Zukunft werfen muß. Die Sowjetunion verlangt von ihrer Zukunft aber nicht nur wirtschaftliches Wachstum: aus ihrem Innern heraus dringt ein sehr starkes Bedürfnis nach Freiheit, das im Dissens, in der zunehmenden Unruhe unter den Völkergruppen, in einem echten Verlangen nach kulturellem und politischem Pluralismus zum Ausdruck kommt. Aber auch das Wirtschaftssystem bedarf einer Modernisierung, einer Neuorientierung: dies erkannte der sowjetische Wirtschaftswissenschaftler Liberman in der Mitte der sechziger Jahre, als er sich für eine vorsichtige Rückkehr zur Marktwirtschaft einsetzte; die Technokraten der Ära Breschnew bewiesen jedoch, daß ein gärender Aufruhr durch bürokratische Mittelmäßigkeit unterdrückt werden kann. Die Sowjetunion zeigt heute das paradoxe Bild einer militärisch-wirtschaftlichen Supermacht, die von einem gelähmten, unbeweglichen System gelenkt wird. Die ganze hochstehende Technologie, die ganze Weltraumfahrt werden von einer Macht verwaltet, die an einen zum Aussterben verurteilten Dinosaurier erinnert. Es bedarf einer außerordentlich scharfen geistigen Kritik, wenn man vom jetzigen Stand der Dinge loskommen will. Es bedarf eines menschlichen Ereignisses von geradezu biblischen oder mythischen Dimensionen, eines Ereignisses, das der Entstehung der Nationen in Europa um das Jahr 1000 oder dem Marsch der Amerikaner nach Westen im neunzehnten Jahrhundert gleichkommt. Mit einem Wort: Rußland muß eine zweite Revolution haben. Eine Revolution, die gleichzeitig hohe Moral, eine unerschöpfliche Vielfalt an Bodenschätzen und einen Pioniergeist des Raumzeitalters mit sich bringt. All das – und dies steht ja im Mittelpunkt dieses Artikels – kann Sibirien geben. Es ist eine geopolitische Einheit, aber auch ein moralischer Ansporn, ein Schaukasten mit allen nur erdenklichen Rohstoffen, aber auch ein lyrischer Aufschrei des Geistes, eine poetische Wiederauferstehung des Menschen.

Sibirien genießt in diesem faszinierenden „Zukunftsprogramm" den historischen Vorteil, daß es schon „von Natur aus" ein „Land der Eroberung" ist. Die Vorgeschichte Sibiriens beginnt im Jahr 1581: Jermak Timofejewitsch überschreitet mit seinen achthundertvierzig Kosaken – einer Horde von unerwünschten Elementen der Gesellschaft, die ihrer Verbrechen wegen aus der Heimat vertrieben worden sind – die natürliche Grenze des Ural. Sie stoßen ins westsibirische Tiefland vor und ziehen am 26. Oktober 1582 in Kaslik ein. Sie erobern Sibirien. Aber schon im 17. Jahrhundert ist der erste historische Grund zu erkennen, weshalb die Russen diesem unerforschten Kontinent mitten in ihrem Land eine so große Bedeutung zumessen müssen. Heute hat die russische Zuneigung zu Sibirien einen andern Grund: es ist der Traum der Offenbarung eines unberührten und unermeßlichen Reichtums an Energien und Menschen, der in die Waagschale der achtziger Jahre gelegt werden kann. Im 17. Jahrhundert sahen sich die Russen aber vor die Aufgabe gestellt, eine unendliche Leere von Ebenen, Wäldern und Seen „aufzufüllen", bevor dies der gefürchtete Nachbar China tat.

Die Geschichte wiederholt sich nach einer komplizierten, aber linearen Logik: 1980 werden die Russen nach Sibirien gehen, um die Herausforderung des Westens anzunehmen und das Klima der Entspannung nicht zu gefährden; 1689 unterzeichnete Rußland nach vielen schweren Kämpfen gegen die chinesischen Heere den Vertrag von Nertschinsk, der die Chinesen dazu verpflichtete, das Amurbecken freizugeben und sich tausend Kilometer zurückzuziehen. So vollzog sich also vom 17. bis in die Mitte des 19. Jahrhunderts der Marsch der „Reiter des Zaren" nach Osten. Rußland hatte im Pazifischen Ozean die äußerste Grenze seines

Vordringens erkannt, genauso wie die amerikanischen Kolonisten am Ende der gleichen geschichtlichen Epoche auf der andern Seite des großen Meeres. Und die Ankunft der Russen in Wladiwostok, an den Ufern des endlosen Ozeans, bedeutete für dieses Volk der extremen Gegensätze und der offenen geistigen Wunden den Höhepunkt seiner territorialen Ausdehnung und Macht. Und könnte dies in der Zukunft nicht auch Sibirien widerfahren, dem leuchtenden Diamanten der Sowjetunion? Die Russen haben ihre Satelliten ins All geschickt, sie haben die halbe Welt erobert und entdecken nun in Sibirien ihr Eldorado; gleichzeitig aber droht das ganze Gefüge auseinanderzufallen und zu bersten wie einst das Reich der Zaren, das seine Kuriere durch alle Lande Zentralasiens bis zu den weißen Schaumkronen des größten und geheimnisvollsten Ozeans der Welt entsandt hatte.

Während Jahrzehnten war Sibirien für die Russen ungefähr das, was Sarmatien für die Römer gewesen war: das Reich der Mysterien und der Ängste, das „memento mori" der grenzenlosen Macht. In erster Linie stellte es aber eine große militärisch-politische Gefahr dar, und auch noch in jüngsten Jahren müssen die Russen immer damit rechnen, daß rund eine Milliarde Chinesen in Versuchung geraten könnte, den für sie greifbar nahen zwölf Millionen Quadratkilometer großen Kontinent zu erobern und sich diese Schatzkammer mit den größten Reichtümern der Welt, dieses unermessliche Eldorado anzueignen, das in einer Welt, die vor dem Kampf um das Überleben steht, von unschätzbarem Wert wäre.

„Wenn China erwacht, wird die ganze Welt zittern", sagte Napoleon zu Las Cases in seinem Exil auf Sankt Helena. Es war nicht nur die Sorge um eine rückläufige Wirtschaft, sondern vor allem auch die Angst vor einem chinesischen Angriff, welche die Russen zur Erschließung Sibiriens veranlaßt hat. Das emsige Arbeitervolk der Chinesen hatte zu Maos Zeiten einen gewaltigen Vormarsch nach Westen begonnen; es hatte durch die große Region Sinkiang eine Eisenbahnlinie gebaut, Atomkraftwerke und Weltraumlaboratorien errichtet und das Bergland von Tibet durchquert. Um diesen Vormarsch aufzuhalten, begannen die Russen in den sechziger Jahren, ihr großartiges Programm zur Erschließung von Sibirien und Kasachstan in die Tat umzusetzen.

Die Geschwindigkeit, mit der dies geschah, ist verblüffend: zwischen der riesigen Bevölkerung Chinas und der russischen Technologie, zwischen den Maschinen und den Menschen entbrannte ein wahrer Wettstreit. Die Bilder in diesem Buch zeigen sehr deutlich, wie es der blühenden russischen Phantasie, dem chaotischen russischen Charakter und dem Lauf der Geschichte gelungen ist, dieses Land in ein soziales, menschliches und politisches Laboratorium zu verwandeln, wie es wohl in diesem Jahrhundert kein anderes und so erschütterndes gegeben hat. Sibirien beansprucht die menschliche Einbildungskraft bis an die Grenze des Faßbaren. Die Traumspannung, der Phantasiekult und die Vorliebe für das Unvorhersehbare und für die schöpferische „Übertreibung" in diesem Land erinnern an das Griechenland des 5. Jahrhunderts oder an das Spanien des Goldenen Zeitalters, an das Europa der Belle Epoque oder sogar an das Rußland der Revolution. Man kann sich des Eindrucks nicht erwehren, daß dort „buchstäblich alles passieren könnte".

Nehmen wir als Beispiel die Bedeutung von Akademgorodok, der „Stadt der Wissenschaft" im Herzen von Sibirien, die meist nur ungenügend betont wird. Akademgorodok ist eine Stadt wie aus einem Science-Fiction-Film, wie ein aus den Fluten emporgestiegenes Atlantis, eine Stadt, von der man nicht weiß, ob sie aus einem der Dialoge von Platon oder aus einem utopischen Roman von Asimow stammt. In ihr leben 400.000 Einwohner und 10.000 Gelehrte. Die Wissenschafter planen und regieren. Es ist der alte Zukunftstraum von Platons Republik, die von den Philosophen verwaltet und gelenkt wird.

Aber neben dieser glasklaren und eiskalten Organisation der an die Macht gekommenen Wissenschaft macht sich auch wohltuend die unberührte Landschaft bemerkbar, in der die Jahreszeiten entdeckt werden, in der es immer noch einen „verlorenen Horizont" gibt: Zukunftsglaube und Poesie zugleich. Ich erinnere mich an jenen Tag, an dem einer der Großen aus jenem Tempel der Wissenschaft, Professor Lawrentjow, in der öden Einsamkeit von Dostojewskis alten Sträflingswäldern, mich und meine Kollegen freudestrahlend darauf aufmerksam machte, daß der Frühling auch in diesem entlegenen Kontinent Einzug halte. Es war Mitte April, und in der Nacht hatten Temperaturen von –25°C geherrscht; doch auf diese Kälte folgte eine sanfte, zärtliche Sonne, in der die Kiefern der Taiga glitzerten. Es war wirklich eine Szene wie aus dem „Verlorenen Horizont": wie in jenem Mythos vom fernen, märchenhaften Shangri-la waren wir umgeben von Gelehrten, für die das Atom schon längst kein Geheimnis mehr war, die aber noch Begeisterung empfinden konnten für die erste Morgendämmerung der Welt, für den Wandel und Wechsel der Jahreszeiten, für die verborgene und strahlende Botschaft des Lebens.

Sie ist schon eigenartig, diese Verbindung zwischen dem Land der extremen Temperaturen und dem Gefühl des Neuen und der Hoffnung, das aus seinen Errungenschaften erwächst. Bratsk ist ein Ort, wo das Thermometer an 273 Tagen im Jahr unter den Gefrierpunkt sinkt – an einem Tag im Jahr 1959 wurde ein Kälterekord von –59°C gemessen –, wo sich aber die Taiga im Sommer in ein feuchtes Reich der Mücken verwandelt; dann arbeiten die Menschen unter einem Moskitonetz, das wie ein Schleier rundherum von breitkrempigen Strohhüten herunterfließt; dann gleichen die Arbeiter den mit Krone und Hermelin geschmückten Königen des Altertums. Und dennoch ist hier in Bratsk an der Angara der berühmteste Staudamm der Welt entstanden, so berühmt, daß ihn Jewtuschenko in einem seiner Gedichte verewigt hat; und hier steht auch das Mekka der Elektrizität, das mächtige Wasserkraftwerk mit einer Leistung von 4,5 Millionen Kilowatt. Lenin hatte gesagt: „Sozialismus ist gleich Macht der Sowjets plus Elektrifizierung." Bratsk ist zum konkreten Beispiel für diese Gleichung geworden. Aus dem kleinen, von Zobeljägern bewohnten Dorf des Jahres 1959 ist eines der eindrucksvollsten Bilder zeitgenössischer Macht geworden.

Bei einem Zusammenbruch des gewaltigen Staudammes, hinter dem 179 Kubikkilometer Wasser gespeichert sind, würde eine vier Meter hohe Flutwelle das Land überschwemmen. Aber im Grunde genommen gleicht Sibirien in seiner dramatischen und grandiosen Form der achtziger Jahre ja selbst einer Flutwelle, die sich zu unabsehbaren und eindrücklichen Höhen auftürmt.

Rund um Samotlor in Westsibirien gibt es 3000 Erdöl-Bohrlöcher; die Sowjetunion erwartet vom Innern ihres Landes die Antwort auf die Frage nach ihrem Schicksal. Bis vor kurzem haben die Söhne der Revolution noch fasziniert nach Westen, in die europäische Sowjetunion geschaut. Sie glaubten an die Technologie des Westens, sie bestaunten die ultramodernen Industriezonen, die mit westlicher Hilfe zwischen Wolga und Ural aufgebaut worden sind. Togliatti-Stadt galt als Symbol für die Zukunft Rußlands. Erst vor wenigen Jahren hat Rußland neue Dimensionen entdeckt, und ich glaube, daß dieses Buch dies beweisen kann, indem es den Glauben der sibirischen Bevölkerung zum Ausdruck bringt. Rußland scheint bemerkt zu haben, daß seine wahre Berufung in den asiatischen Steppen, seine Zukunft im Osten liegt. Der Beweis dafür ist die rasche Industrialisierung der Regionen von Zentralasien, vor allem von Kasachstan, wo die Urbarmachung von 50 Millionen Hektaren Land ein ähnliches Fieber ausgelöst hat wie in früheren Jahrhunderten die großen Völkerwanderungen und die Kriege.

Natürlich erfordert die Aufgabe, die sowjetische Waage auf den Osten einzupendeln, einen ungeheuren Aufwand an Organisation und Durchführung, der nicht nur sämtliche Kräfte der Gesellschaft, sondern auch ein ganzes System von Bündnissen beansprucht. Vielleicht erfahren die Entspannungsverhandlungen dadurch eine willkommene Unterstützung, daß sich Rußland nun dieser neuen historischen Szene zuwenden muß, die sich ihm gegen Ende der siebziger Jahre eröffnet hat. Denn die Sowjetunion braucht heute unbedingt Partner im Westen, wenn sie das sibirische Eldorado erschließen will. So sind schon Kontakte mit den Amerikanern hergestellt worden, die sich für den Bau von Pipelines interessieren, mit denen Erdöl und Erdgas von Samotlor bzw. Medwedjewo und Nadym abtransportiert werden soll. Aber auch die Japaner sind schon wiederholt aufgefordert worden, an der Ausbeutung verschiedener Regionen Sibiriens mitzuarbeiten; man hat sie auch gebeten, sich am Bau der BAM (Baikal-Amur-Magistrale), der zweiten Transsibirischen Eisenbahn, zu beteiligen, welche die Region nördlich des Baikalsees mit dem Pazifik verbinden und so entscheidend dazu beitragen wird, neue Städte und Industrien aufzubauen und ganze Gebiete zu besiedeln. Auf diese Weise würde die Gefahr der „Anziehungskraft des Vakuums" abgewendet, die sehr stark von Sibirien ausgeht und – so fürchten die Russen – die Chinesen anlocken könnte. Ein dichteres Netz von sozialen, wirtschaftlichen und bevölkerungsmäßigen Strukturen läge auch im Interesse der Militärs, die nach besseren Verteidigungsmöglichkeiten dieser Gebiete suchen. All diese Pläne zur Erschließung Sibiriens können aber nur dann funktionieren, wenn die geopolitische Weltlage zu einer Verständigung unter den Völkern führt. Schon 1961 hatte Anastas Mikojan japanische Industrielle zu einer kolossalen Allianz bewegen wollen. Die Russen hätten von Japan die Stahlrohre für eine Pipeline vom Ural bis zum Pazifikhafen von Nachodka gekauft. Fünftausend Kilometer Stahlrohr: ein Geschäft von wahrlich gigantischen Dimensionen. Doch hätte es eine totale Verschiebung der wirtschaftlichen Beziehungen zur Folge gehabt. Denn die Japaner hätten laut Vertrag während mindestens fünfzehn Jahren ihren ganzen Brennstoffbedarf aus der Sowjetunion beziehen müssen. Zu jener Zeit waren die Japaner aber eng an amerikanische Banken gebunden, die ihnen großzügige Kredite gewährt hatten. Aus diesem Grund lehnten sie das Angebot ab. Dennoch zeigt dieses Beispiel, wie eine bedeutende wirtschaftliche Entwicklung stets auch von politischen Begebenheiten abhängig ist.

Breschnew selbst hat sich einmal – es war gegen 1974 – zur Philosophie der Entwicklung nach Osten bekannt. Indem er damals in aller Öffentlichkeit zugab, daß die brachliegende Erde Sibiriens gleichviel Getreide hätte produzieren sollen wie Kasachstan, das 27 Prozent des russischen Weizenbedarfs liefert, traf der Herr des Kreml eine grundlegende politische Entscheidung. Das Schicksal der Sowjetunion liegt nicht mehr im Westen, nicht mehr in Richtung Europa, dessen Gestade die Russen seit Peter dem Großen immer hatten erreichen wollen. Rußlands Zukunft liegt jetzt in der Taiga und Tundra, in den Tagbau-Kohlengruben Sibiriens und im gigantischen Wasserkraftwerk von Bratsk. Dies ist das Schicksal, das die sowjetischen Planungszauberer aus den Sternen gelesen haben. Es bedeutet aber auch, daß einige der alten Mythen der neuen Wirklichkeit geopfert werden müssen. Die Expansion und das Vordringen nach Osten bedingen zum Beispiel den Verzicht auf den althergebrachten, hartnäckig verteidigten Zentralismus, eine Einrichtung des Stalin-Terrors der dreißiger Jahre. Sie fordern dafür größere

Anerkennung und Aufwertung peripherer Nationen, Bereitschaft zu einer Form des Pluralismus. Es bedarf der Änderung einer gewissen Mentalität, die sich u. a. darin zeigt, daß sich die ganze Sowjetunion zwar über fünf Zeitzonen ausdehnt, daß aber an Bord der Transsib nur Moskauer Zeit gilt und der Reisende deshalb seine Uhr nur nach eigenen sorgfältigen Berechnungen richten kann.

Jetzt geht es – bildlich gesprochen – darum, die Uhren der Sowjetunion nicht mehr nach der alten Moskauer Zeit, sondern nach der Zeit Sibiriens und der andern Gebiete schlagen zu lassen, sich vom Rhythmus und der Verwaltung der zentralistischen Allmacht abzuwenden. Dies ist vielleicht der erste Schritt zu jenem kulturellen Pluralismus und zur Erfüllung jenes intensiven Wunsches nach Freiheit, von denen wir zu Beginn dieses Artikels gesprochen haben. Dies scheint der große ideologisch-politische Knoten zu sein, den die Sowjetunion zu Beginn der achtziger Jahre wird lösen müssen. Sibirien kann Rußland auf außergewöhnliche Art und Weise wachrütteln; und zwar nicht nur in dem Sinn, daß es seinen Vorrat an Bodenschätzen aller Art ungeheuer erweitert, sondern daß es auch alle Russen dazu zwingen wird, mit sich selbst ins Reine zu kommen und sich sechzig Jahre nach der Revolution präzise Fragen über deren Resultate und über ihre Zukunft zu stellen. Die Tatsache, daß die Stadt der Gelehrten, jene im Nordlicht abgeschiedene Platonsche Philosophenrepublik, eines der Aushängeschilder von Sibirien ist, birgt sehr viel symbolischen Gehalt in sich; sie hat aber auch eine große prophetische und menschliche Bedeutung. Denn sie besagt, daß die neue Welt des sibirischen Eldorados nach langjähriger Vorherrschaft des temperamentgeladenen, ungestümen asiatischen Naturells die Rückkehr zum Rationalismus, zur Würdigung des Lebens und zur Respektierung von Kultur und Mensch finden wird. Die bolschewistische Revolution ist bekanntlich aus dem Marxismus hervorgegangen, und damit aus einer Verbindung der klassischen englischen Wirtschaft des 18. Jahrhunderts mit der großen deutschen idealistischen Philosophie des 19. Jahrhunderts. Sie wurzelt deshalb in der Vernunft, im Sein, im Geist und in der Freiheit. Doch Stalin hat all dies mit der großartigen, mystischen und brutalen Maske Asiens zugedeckt. Sibirien kann 1980 die Rückkehr zu den Ursprüngen der sowjetischen Revolution bedeuten. Sibirien schiebt die Grenzen der sowjetischen Macht weiter nach Osten, über die Steppen Asiens hinweg zum Pazifik. Sibirien führt die Sowjetunion aber gleichzeitig zu ihrem europäischen Ursprung zurück, zur Kantschen und Hegelschen Reinheit des Denkens, der sie ihre Existenz verdankt. Ist es möglich, daß Sibirien all das sagen möchte? Daran ist nicht zu zweifeln.

Machen wir aber noch eine andere Überlegung. Platon verbannte die Dichter aus seiner Republik der Ideale. Sibirien, diese Leader-Republik der Sowjetunion von morgen, ist aber ein großes Land der Poesie. Wir haben gesehen, wie es die Stadt der Wissenschaft, die Metropolis der Wissenschafter, in seinen Mittelpunkt gestellt hat: sie macht Sibirien zu einer Welt der Vernunft, zu einem Kantschen „Reich der Zwecke". Sibirien ist aber vor allem Traum, Poesie. Es ist ein amerikanischer Westen, verlegt in die Einsamkeit der Taiga; es ist ideale Freiheit der Wälder und Seen; es ist Idealismus des Menschen gegenüber der Natur, Empfindung für die Unendlichkeit und – wollen wir auch diesen Namen nennen? – für Gott.

Wenn es um die Beschreibung einer Wirklichkeit geht, helfen Bilder viel mehr als alle Statistiken; dieses Buch ist der Beweis dafür. Diesem Bildband gelingt es, die intensiven Ausdrucksformen von Laienglauben, Aktivismus, echter Geistigkeit, spontaner Religiosität, Liebe und Hingabe einzufangen, die diesem Grenzvolk des Jahres 2000 eigen sind, diesen Menschen, die zwischen den Keulen der Steinzeit und den Abschußrampen für Interkontinentalraketen leben. Diese Überlegungen dringen auf uns ein und erfüllen uns mit Staunen. Sibirien ist ein unendlich weites Land zwischen zwei uralten Reichen, dem der Russen und dem der Chinesen. Es liegt zwischen dem größten Ozean der Welt und dem zinnengeschmückten alten Europa. Es liegt in einem Kontinent, in einer Welt, in der die großen Religionen der Welt sich begegnen, aufeinanderprallen und sich vereinen. Die ältesten, das Christentum, der Buddhismus und der Islam, und die jüngste, der Marxismus. Und in der Mitte liegt dieser Schmelztiegel von Völkern, Ideologien und Glaubensbekenntnissen. Die alten Weisen, die Vorfahren jener Menschencomputer, die in den Laboratorien von Akademgorodok denken, behaupteten, daß es im Laufe der Zeiten in der Mitte der Welt einen Ort geben würde, der der Menschheit Neues zu sagen hätte. Vielleicht ist Sibirien dieser Ort.

Wir haben also die Bedeutung Sibiriens im Lichte einer gewagten, aber nicht unbegründeten Interpretation der traditionellen Geopolitik gesehen. Dieses Land der Toten von Dostojewski ist nicht zum Raumhafen von Utopia geworden; es ist eine feste und beruhigende Realität. Und es kann unser aller Leben stark beeinflussen: denn es ist nicht wahr, daß Sibirien fern und unzugänglich ist und uns deshalb nichts angeht. Als das Reich der Zaren unter den Stößen der Revolution erbebte, vertraten viele Europäer die Ansicht, diese Erschütterungen in einem Land, das zu zwei Dritteln asiatisch und nur zu einem Drittel europäisch ist, würden die alte Welt nicht betreffen. Und dennoch haben uns Stalin und der Zweite Weltkrieg, die Verbreitung des Marxismus in der Dritten Welt und über alle Kontinente, Lenin und die neue Sowjetunion klargemacht, daß der Kreuzer Aurora seine Kanonen für uns alle abgefeuert hat.

Und jetzt wollen wir im Stil Hemingways, oder noch

besser, John Donnes sprechen. Frag nicht, für wen die Glocke Sibiriens läutet. Sie läutet für Dich. Dieses unvergleichliche und unbeschreibliche Land mit seinem Nordlicht, der Taiga und Tundra, der Million Seen, dem Erdöl und der Elektrizität: es ist auch Dein, unser Land. Diese Bilder auf den folgenden Seiten sollen für lange Zeit in unserm Geist und in unserm Herz lebendig bleiben. Schau: hier ist das Atlantis des 21. Jahrhunderts. Aber es ist kein verlorener Kontinent. Es ist die verwunschene Insel, die durch unsere Phantasie wieder aufgetaucht ist.

Sibirien könnte schließlich sogar *Frieden* bedeuten. Denn es könnte zum Symbol für einen Zweckverband von Ost und West werden, der sich ein verblüffendes Ziel gesetzt hat: die Eroberung eines Kontinents. Die Zähmung Sibiriens und die Erschließung des Reiches der Taiga und der Luchse würden es vielleicht ermöglichen, die Drohung der Energie-, Benzin- und Rohstoffkrisen abzuwenden und sie in eine ferne Zukunft nach dem 21. Jahrhundert zu verbannen. Aber zuerst muß die Brücke zwischen Ost und West geschlagen werden.

„East is East and West is West – and the twain shall never meet", schrieb Rudyard Kipling. Osten ist Osten, und Westen ist Westen, und die beiden werden nie zusammenkommen ...

Das stimmt nicht. Die beiden können sich begegnen, und Sibirien ist der ideale Treffpunkt. Ein solcher Erfolg würde Yalta in den Schatten stellen und könnte für gut fünfzig Jahre den *status quo* zwischen Europa und Asien sichern.

Aber das ist noch nicht alles. Der *status quo* bedeutet: Imperien, Unterwerfung von Völkern, Satellitenstaaten, keine Freiheit in zwei Dritteln unserer Erde. Sibirien, welches das materielle und das geistig-intellektuelle Potential gleichermaßen erhöhen kann, könnte im Jahr 2000 zu einer Lockerung der Fronten führen, zu einer Rückkehr der Sowjetunion zum Pluralismus, zu einer Begegnung zwischen der liberal-christlich-kapitalistischen und der marxistischen Tradition. Interessant an der ganzen Angelegenheit ist aber doch, daß Sibirien, dieser neu entstehende Kontinent des Geistes, auch der Ort ist, an dem die beiden Begriffe Ost und West, Abendland und Asien aufeinandertreffen. Aber wo hört der Westen auf, und wo beginnt der Osten? Die willkürliche und unerfreuliche Trennung der Welt in zwei Blöcke, das Ergebnis des Zweiten Weltkrieges, hat den Sinn dieser beiden Bezeichnungen verfälscht, die ja nur zum Teil geographischer Natur sind und doch eigentlich im weitesten Sinn geistige Realitäten bezeichnen.

In Wirklichkeit sind Osten und Westen – der Osten, aus dem die großen Religionen der Menschheit, die Erfindungen und die Eroberer gekommen sind; der Westen, der die Begriffe der Toleranz und der Freiheit geprägt und die Herrschaft der Vernunft und der Religionsfreiheit eingeführt hat – weder geographische Breiten noch Grenzfestlegungen. Es sind Richtungen, Strömungen und Tendenzen, und sie reagieren auf die eine oder andere Weise auf die größten Wanderungen der Weltgeschichte.

Wanderungen, die Verschiebungen von Völkern sind, die aber auch Ideen, Glaubensbekenntnisse und Mythen übertragen. Das antagonistische Hin und Her dieser zwei großen Tendenzen hat im Lauf der Geschichte nie ein Ende gehabt und sich in unserer Zeit in den beiden großen Machtblöcken manifestiert: Amerika – Westen und Rußland – Osten. Und es hat zu einer Gegenüberstellung von Europa und Asien, von Christus und Marx, von Kapital und Revolution geführt. Aber jetzt ist die Zeit gekommen, da sich zwischen den beiden Tendenzen, was bisher nur ein Gleichgewicht des Terrors gewesen ist, zu einem echten Gleichgewicht einspielen muß.

Denn in dieser Welt der Unbeständigkeit bietet jenes Asien, das sich am Ende des 20. Jahrhunderts in Bewegung befindet, ein sehr eindrückliches Beispiel der Unausgeglichenheit. Und für all diese Bewegungen bedeutet Sibirien die Grenze des Vormarsches: Niemandsland und Punkt, an dem es kein Zurück mehr gibt. Sibirien ist die Zukunft, und mag diese Zukunft Licht oder Dunkel, Vernunft oder Raserei, Krieg oder Frieden, Freiheit oder Sklaverei bringen, sie ist ein Dilemma, das wie immer von den Kräften und vom souveränen Geist des schöpferischen Menschen abhängt.

Vittorio Lojacono:

Die Straße der Gefahr

Dort unten am Ussuri, am Ende der Welt, haben Chinesen und Russen über den gewaltigen Fluß hinweg aufeinander geschossen. Wir schreiben das Jahr 1969, und es ist das erste Mal, daß so etwas passiert. Dies kann den Anfang eines Krieges zwischen den beiden roten Imperien bedeuten; vielleicht der erste kommunistische Krieg der Geschichte. Für die Zeitungen natürlich ein Ereignis, über das berichtet werden muß.

„Die Transsibirische Bahn fährt durch jene Gegend; sie fährt sogar am Ussuri entlang", schlage ich vor.

„Versuch es", antwortet mir der Redakteur. So beginnt eine „Reportage". Ein paar Worte und ein „Los!", das mich – zusammen mit dem Fotografen Evaristo Fusar – mitten ins Herz des russischen Kontinentes befördert.

Um dorthin zu gelangen, ans Ende der Welt, gibt es nur die Transsib, diese legendäre Eisenbahn.

Zuerst scheint es nur ein schrulliger Einfall zu sein, ohne allzu viel Überzeugung vorgebracht: heimlich nach Sibirien zu gehen, und dies noch in der Transsib, die sicherlich sehr streng kontrolliert wird. Doch es klappt. Die Transsib ermöglicht es, das Hindernis zu umgehen, denn ein russisches Gesetz erklärt eine Zone im Umkreis von rund vierzig Kilometern rund um Moskau für Journalisten als tabu – bei Zuwiderhandlung steht Ausweisung fest.

Der Ussuri aber, an welchem Russen und Chinesen aufeinander schießen, ist Tausende von Kilometern von dort entfernt, am Ende der Welt. Wenn es schon keinen Sinn hat, bei den Russen ein Visum für eine Reise dorthin zu beantragen, dann ist es geradezu absurd, die Chinesen, die Macht auf der anderen Seite, um eine Einreisegenehmigung zu bitten. Den Ussuri entlang fährt aber die Transsib.

Dort, wo der schon riesige Ussuri in den noch mächtigeren Amur mündet, liegt Chabarowsk. Und in dieser Stadt kann sich kein Tourist – und schon gar kein Journalist – länger als achtundvierzig Stunden aufhalten. Sie ist, wie der ganze Ferne Osten, für Journalisten tabu.

„Man steigt aus der Transsib aus und wartet, bis der nächste Zug durchfährt", erklärt man mir. Chabarowsk liegt ungefähr hundert Kilometer von der kleinen Insel Damanski mitten im Ussuri entfernt. Bei dieser kleinen Insel hat sich der Zwischenfall ereignet. Und hier geschieht noch mehr. Man hat beobachtet, wie Chinesen zum Zeichen höchster Verachtung ihre Hosen heruntergelassen und den russischen Wachen auf der anderen Seite die blanke Rückseite gezeigt haben.

Russen und Chinesen streiten sich schon aus Prinzip um Damanski. Die Auseinandersetzung hat aber noch andere Ursachen: für die Chinesen geht es um halb Sibirien, das die Russen an sie zurückgeben müßten. Die Insel Damanski mit den unfeinen Gesten und mit den Schießereien, deren Opfer kein Mensch gezählt hat, ist der Funke. Schon aus geringerem Anlaß sind Kriege ausgebrochen, in die ganze Völker und Kontinente hineingezogen worden sind. Dorthin, zu dieser „heißen Grenze" muß man kommen – trotz aller Verbote –, wenn man über dieses Ereignis berichten will. Und zwar möglichst schnell; und ohne den Verdacht der Russen zu erregen.

Wir erkundigen uns – als „Bankangestellte" –, ob wir von Osten nach Westen, von Sibirien her nach Moskau reisen könnten, mit der Transsibirischen. Drei Europäer – Vittorio Rastelli, ein zweiter Fotograf auf der Jagd nach Kriegsreportagen, ist noch zu uns gestossen –, die aus Japan kommen und aus finanziellen Gründen mit der Eisenbahn nach Europa zurückkehren wollen, erwecken offensichtlich keinen Verdacht. Das Visum wird wirklich ausgestellt. Und ohne allzu intensive Nachforschungen.

Erste Vorsichtsmaßnahme: um allzu vielen Fragen, vielleicht sogar peinlichen Fragen, auszuweichen, haben wir das Visum im Konsulat von Paris eingeholt. In Rom hätte irgendein kleiner Beamter die Namen überprüfen und dabei entdecken können, daß nicht einer von uns jemals einen Fuß hinter den Schaltertisch einer Bank gesetzt hat. Eine solche Feststellung hätte sofort ihr Mißtrauen erregt. Im günstigsten Fall hätten sie unsere Reise verhindert. Vielleicht – und diese Möglichkeit ist nicht von der Hand zu weisen – hätten sie uns aber auch einreisen lassen, uns verfolgt und dann bei der Ausreise aus der UdSSR wegen Spionage festgenommen.

Die Vorsicht hat sich gelohnt: niemand kontrolliert, wir erhalten das Visum. Abenteuer dieser Art wollen vorbereitet sein, denn es genügt nicht, sich nur auf sein Glück zu verlassen. Und dann kommt das menschliche Problem hinzu: das Verständnis mit den Fotografen – mit denen man ja im gleichen „Boot" sitzt – ist von elementarer Bedeutung. Die Grundlage für einen journalistischen Coup dieser Art bilden persönliche Freundschaft und gegenseitige Wertschätzung.

Jede „Story" ist das Ergebnis sorgfältiger Vorbereitungen. Mit Rastelli habe ich zum Beispiel die russische Flotte im ägyptischen Hafen von Alexandria fotografiert. Und dies unter dem Vorwand, wir müßten einem nichtexistenten Mieter in einem der Häuser mit Blick auf den Hafen ein Paket abliefern – Name und Adresse standen in arabischer Schrift auf einem Zettel. Damit hatten wir eine auf den ersten Blick plausible

Ausrede, falls uns jemand auf der Treppe eines jener Häuser gefunden hätte, von deren Terrassen aus man die Schiffe fotografieren konnte.
Jede „Story“ hat ihren Hintergrund. Zusammen mit Gabriele Milani habe ich mich von eritreischen Untergrundkämpfern gefangennehmen lassen, um eine Zeitlang unter ihnen leben zu können. Mit Giannino Gelmi habe ich mich in Südafrika als Söldner anmustern lassen, um an der „Invasion“ von Mozambique teilzunehmen. Wiederum mit Milani mußte ich einen Piloten „kaufen“, der uns nach Biafra einflog. Mit einem viermotorigen Flugzeug auf einer Landstraße absetzte. Auf ähnliche Weise landete ich mit Mario Pelosi in Uganda, wo Amin die Journalisten ermorden ließ.
Auch die Reise nach Sibirien bedarf gewisser Vorbereitungen. Wir sind „Bankangestellte“, Kassiere, um genau zu sein. Mit einem neuen Pass ohne Visa, die über frühere Reisen Aufschluß geben könnten. Vorsichtsmaßnahmen, um doch eine gewisse Chance zu haben, Sibirien wieder verlassen zu können. Hineinkommen mag vielleicht kein Problem sein, aber die Ausreise kann bis zum letzten Augenblick eine unbekannte Größe sein. Wir lassen alles zu Hause, was auf unsern Beruf als Journalisten hinweisen könnte: Dokumente, Ausweise, Adressen, Telefonnummern. Eine „Tarnung“ die an gewisse Filmszenen erinnert, in denen sich der Hauptdarsteller darauf vorbereitet, mit einem Fallschirm über Feindesland abzuspringen. Und sich für etwas auszugeben, was er gar nicht ist.
Als kleinen Beweis für unsere Täuschung haben wir einen Brief der „Abteilung Reisen“ der CRAL bei uns, jener nicht existierenden Bank, deren „Angestellte“ wir sind. Die Bank bittet die sowjetischen Behörden vollkommen unbefangen um Beistand für ihre drei „Kassiere“, die aus Abenteuerlust eine derartige Reise mit der Transsib unternehmen wollen.
In Tokio überprüfen wir ein letztes Mal unsere Siebensachen; in Nachodka, in der UdSSR, lassen wir die ersten russischen Kontrollen über uns ergehen. Die Transsib fährt hier ab, in Nachodka, denn Wladiwostok – Basis der Pazifikflotte – ist Sperrzone.
Und dort steht der Zug am kleinen Bahnsteig im Hafen. Es ist schon fast Nacht – ich erinnere mich, es war an einem Donnerstag um neunzehn Uhr –, und der Zug soll in fünf Minuten abfahren. Das heißt um 12.05 Uhr; und die Sonne ist schon untergegangen.
Ein Stationsvorstand – eine imposante Frauengestalt mit langen schwarzen Zöpfen – schwenkt die Signalkelle, und der Zug setzt sich in Bewegung. Mit einer Dampflokomotive. Ist es nun 19.05, wie die Sonne anzeigt, oder 12.05, so spät wie auf der Uhr neben dem Geleise? Das Rätsel ist bald gelöst: auf dem ganzen russischen Eisenbahnnetz gilt Moskauer Zeit. Um die Sache nicht zu komplizieren, haben die Behörden (und nicht etwa die kommunistischen, denn dies war schon zur Zeit der Zaren so) bestimmt, daß die Eisenbahnen sich nicht um die verschiedenen Zeitzonen kümmern sollten. Wenn die Uhr „draußen“ auf dem Platz von Nachodka 19.05 Uhr zeigt, ist es „drinnen“ in der Station, auf den Geleisen, 12.05 Uhr, also sieben Stunden früher, genau wie in Moskau. Während der achttägigen Reise von Osten nach Westen holt der Zug die „Verspätung“ allmählich auf, und kurz vor Moskau ist die „Zugzeit“ schließlich wieder mit der „Ortszeit“ identisch.
Da ist sie nun, diese legendäre Eisenbahn. In der Zarenzeit war sie die Eisenbahn der Großherzoge, aber auch der Deportierten. Nach der Revolution war sie die Eisenbahn der Pioniere, die singend dem neuen Land entgegenfuhren. Aber es war nach wie vor auch die Eisenbahn der Deportierten. Die Lieder – traurige Elegien, die auch im Westen sehr bekannt sind – sind auch heute noch die gleichen geblieben. Die Pioniere singen sie, die auch heute noch nach Osten geschickt werden; die Deportierten singen sie, die nach wie vor in die Zwangsarbeitslager Sibiriens gebracht werden; und die Soldaten singen sie, die die Sowjetunion schon seit Jahren entlang der 8000 km langen „heißen Grenze“, der Grenze zum riesengroßen China, in Bereitschaft hält.
Diese Bahnlinie ist der Lebensnerv des sowjetischen Giganten. Nach wirtschaftlichen Überlegungen müßte sie eigentlich viermal so groß sein. Die Reichtümer Sibiriens und des weiten Ostens fahren über diese Geleise. Hunderttausende von jungen Leuten – für die der Staat auf diese Weise das Problem ihrer ersten Anstellung gelöst hat – besteigen diese Züge, um in die sibirischen Städte zu fahren – die für sie gebaut worden sind, alle neu, und alle gleich; und hie und da genießen sie die seltenen Freifahrten zurück in die europäische Sowjetunion, wo sie ihre Eltern und Freunde zurückgelassen haben. Touristen kann man an den Fingern abzählen: man zeigt auf sie und bestaunt sie wie Wesen aus einer andern, beneidenswerten Welt. Soldaten auf Urlaub: jung und blond, bartlos, aber auch Mongolen und Tataren, Menschen aus den südlichen Republiken, aus Kasachstan, Usbekistan und Turkmenistan, die mit ihren Regimentern an die chinesische Grenze gekommen sind.
Die Frequenz des andern Verkehrs, der Güterzüge nämlich, ist erstaunlich. Niemand hat je offizielle Angaben erhalten: alles ist streng geheim, von einem mysteriösen Nebel eingehüllt. Zur Zeit dieses Reiseabenteuers, vor zehn Jahren also, kam uns auf dem andern Gleis alle zwanzig Minuten ein Güterzug in voller Fahrt entgegen.
Vier Couchettes pro Abteil; ein Abteil ist für den Zugführer, der auf seinem stets brennenden kleinen Ofen in einem Samowar Tee für alle Reisenden in seinem Wagen bereitet. Auch das Heizen gehört zu seinen Pflichten. Vorne im Waggon befinden sich der Ofen und ein kleines Kohlelager. Die Frau Zugführerin, eine schmächtige, blauäugige Blondine mit im

Nacken verknotetem Haar, ist nicht nur Heizerin in „ihrem" Wagen, sondern auch Garderobiere, Wächterin und Marketenderin. Sie ist die „Hausfrau" dieses fahrenden Hauses mit seinen Problemen des Lebens, der Moral, des Zusammenlebens und der „Sicherheit". Im Zug vertritt sie den Staat in erster Instanz. Aber es sind auch Polizisten da. Sie überwachen und sind sofort zur Stelle, wenn die blonde Wagenchefin ihnen zu verstehen gibt, daß irgendwo „etwas nicht in Ordnung ist".

Die Vielfalt der Aufgaben, die sie in diesem Zug zu erfüllen hat, hält sie aber nicht davon ab, sich an den Schachturnieren der Reisenden zu beteiligen und die Lieder mitzusingen, die unversehens da und dort von einigen Passagieren angestimmt und sofort vom ganzen Wagen aufgenommen werden. Ich erinnere mich an ein Erlebnis in irgendeiner kleinen einsamen Station: in einem Wagen unseres Zuges stimmte jemand ein Lied an, und sofort sangen Hunderte von Soldaten mit, die in einem Zug auf dem Nebengeleise auf die Weiterfahrt warteten. Soldaten, die nach Osten an die chinesische Grenze fuhren.

Die erste Überraschung – nicht sehr ermutigend für unsere „Reportage": die Fenster lassen sich weder nach oben noch nach unten schieben. Und es sind Doppelscheiben; angesichts der Außentemperaturen von –30°C eine durchaus gerechtfertigte Maßnahme. Eine bittere Enttäuschung aber für alle, die wie wir gehofft hatten, aus dem fahrenden Zug Aufnahmen machen zu können. Zwischen den Scheiben hat sich infolge des Temperaturunterschiedes – drinnen warm, draußen kalt – eine Dampfschicht entwickelt. Wir reisen wie in Watte eingepackt. Die Konturen draußen sind unklar, verschwommen. Nur der oberste Teil des Fensters läßt sich nach innen öffnen, um etwas frische Luft hereinzulassen. Es kommt aber auch Ruß vom Schornstein der Dampflokomotive herein. Um wenigstens dort fotografieren zu können, muß diese kleine Fensterklappe losgeschraubt werden; dann kann man sie etwas weiter herunterlassen, und der Fotograf kann sein Objektiv dort hineinstecken und nach draußen „sehen". Das ist aber nicht so einfach. Man muß stehend von der Sitzbank aus fotografieren, das Gesicht in der Kälte, und jemand muß die Rückendekkung übernehmen, draußen im Gang Zeichen geben, wenn sich – was jederzeit möglich ist – die Frau Zugführerin oder jemand anders dem Abteil nähert.

Draußen Birken, so weit das Auge reicht. In diesem Zug ist der Speisewagen das Zentrum der Wagenstadt, in der wir und die Russen tagelang zusammenleben. Einmal alle vierundzwanzig Stunden läßt der Güterverkehr, der auf diesem Lebensnerv der Sowjetunion absoluten Vorrang hat, einen Personenzug durch. Sechzehn Züge befinden sich gleichzeitig auf der Strecke – acht in der einen, acht in der andern Richtung. Sonst sind alles Güterzüge mit einem phantastischen Durchschnitt von drei Kompositionen pro Stunde. Alles, was Sibirien hervorbringt, kommt hier vorbei. Alles, was dieses unendlich weite Land östlich von Moskau benötigt, wird per Zug über diese Geleise gebracht. Die Russen biwakieren im Speisewagen. Sie tragen alle Trainingsanzüge und Sandalen (offenbar die „Uniform" in der Transsib) und verbringen die Stunden bei Schach, Dame oder irgendwelchen komplizierten Kartenspielen. Die Zeit zwischen den Mahlzeiten überbrücken sie mit üppigen Trinkgelagen.

Ohne große Umschweife werden Freundschaften geschlossen. Es ist sinnlos, sich verstecken zu wollen: sie alle kommen uns suchen, um mit den „Fremden" ein paar Worte zu plaudern. Es gibt einen Verkaufswagen, in dem die Lebensmittelvorräte dieser fahrenden Stadt mitgeführt werden. In ihm erhält man Aufschluß über die kärglichen Lebensbedingungen und das Alltagsleben in den kleinen Ortschaften, in denen der Zug anhält.

Diese kleinen Bahnhöfe sind fast ausschließlich kleine, dunkelbraune Holzgebäude, mit Lenins Bildnis geschmückt, sehr ärmlich trotz der bunten Vorhänge, die die Frau des Vorstandes an den Fenstern angebracht hat. Hier stürmt die wartende Menge den Verkaufswagen der Transsib. Die Bauern kaufen alles, was angeboten wird: Zigaretten, Bonbons, Biskuits. Und auch Kaugummi. Offenbar handelt es sich um Waren – Zigaretten inbegriffen –, die es hier nur gibt, wenn das System dran denkt, sie hierherzuschicken. Und weit von der Eisenbahn weg? Wer lebt hundert – oder tausend – Kilometer von diesem Zug entfernt – und wie? Lauter Fragen, auf die es keine Antwort gibt.

Gleichzeitig entsteht aber auch draußen auf dem Bahnsteig ein Gedränge. Die Reisenden stürzen sich auf die armseligen Verkaufsstände, wo vollbusige Bäuerinnen mit Kopftüchern Würstchen und frische Eier anbieten. Würstchen, eine Gelegenheit, die man nicht verpassen sollte. Worauf man aber in diesen kleinen und kleinsten Bahnhöfen ohne weiteres verzichten kann, ist ein Besuch in den öffentlichen Toiletten. Sie haben nichts mit den uns vertrauten Toiletten zu tun, wo der Putz von den Wänden abblättert. Hier handelt es sich lediglich um kleine, gepflasterte Kammern mit leicht schrägem Boden. Sie sind nicht nach Geschlecht getrennt, und wer sie benützt, achtet nicht besonders auf Reinlichkeit.

Am Abend – so erzählt man mir – kommt ein Angestellter mit Besen und Wasserschlauch und reinigt die Anlage für den Ansturm der Passagiere von morgen. Auf dem Nebengleis, wo es keine Kolchosenstände gibt, verkaufen Bauern ihre Waren direkt an die Passagiere; unten an den Fenstern stehend, in den paar Minuten, die der Aufenthalt dauert. Ich erinnere mich an eine alte Frau, die beinahe verzweifelte, weil der Zug abfahren sollte und der Mann, der schon acht Eier erhalten hatte, offenbar kein Kleingeld fand, um sie zu bezahlen. Die Angelegenheit wurde zu einem echten Problem, als sich der Zug endgültig in Bewegung setzte. Der Passagier konnte die Eier ja nicht zurückgeben, weil sie beim Hinauswerfen kaputtgegangen wären, aber das kleine Drama fand ein sehr sympathisches Ende: alle andern Passagiere suchten in aller Eile ihr Kleingeld zusammen, und warfen es hinaus. Am Boden prügelten sich die kleinen Jungen um die Münzen. Aber nicht etwa, um sie für sich zu behalten, sondern um sie der Alten zu geben. Im Zug drin lud der Mann, der die acht Eier gekauft hatte, den ganzen Wagen zu einem großen gemeinsamen Eieressen ein. Kein Problem, denn zu den acht kamen noch rund zwanzig weitere Eier aus den Vorräten der Mitreisenden hinzu.

Achtundvierzig Stunden in Chabarowsk. Nach dem Plan, den das russische Reisebüro Intourist für die drei „Bankangestellten" ausgearbeitet hat, verlassen wir hier die Transsib, um auf den nächsten Zug zu warten, der nach zwei Tagen in die gleiche Richtung fährt. Sehr wenig Zeit für einen Versuch, an den Ussuri zu gelangen, wo „irgendetwas" zwischen China und der Sowjetunion im Gange ist. Catai – so wird China hier genannt – liegt hinter einem Berg. Und erst weit hinter diesem Berg wird der Ussuri zum Grenzfluß. Hier unterhalb von Chabarowsk mündet der Ussuri unter einem eindrucksvollen Eiskonzert in den Amur.

Mit einem merkwürdigen Geräusch bersten die vom einen Fluß herangeführten Eisschollen, wenn sie auf das Eisgeschiebe des andern Flusses stoßen. Während der ungefähr zwanzig Tage dauernden Tauzeit schwillt dieses Getöse zu einem ununterbrochenen Grollen an, das über die ganze Ebene hinweg zu hören ist. Von einem öffentlichen Park aus, der an die Pincio-Terrasse in Rom erinnert, kann man dieses grandiose Naturschauspiel genießen. Die Eismassen von zwei Flüssen prallen aufeinander; riesige Eisplatten schieben sich übereinander und zersplittern mit einem Geräusch, das bald dem Klirren von zerbrechendem Kristall, bald dem dumpfen Wirbeln von Tamburins gleicht. Die einheimische Bevölkerung hat sich im Laufe der Zeit an dieses seit Urzeiten immer gleiche Schauspiel gewöhnt: niemand bleibt deswegen stehen. Die Parkterrasse ist einsam und verlassen. Im nahen Stadion mit seinen sieben rund um das Feld laufenden Zementsitzreihen spielen ein paar Jungen. Mit einem kümmerlichen kleinen Ball.

Wir werden den zu unserer Aufsicht abgeordneten Dolmetscher los, indem wir einen ausgiebigen Erholungsschlaf vortäuschen, und verabreden uns frühestens für den Nachmittag. Den Morgen werden wir brauchen, um an den Ussuri zu gelangen, dort wo er die Grenze bildet. Danach werden wir all das anschauen, was er uns zeigen will: das Stadion, das große Kaufhaus und die drei Monumente. Es ist unmöglich, eine Landkarte zu erstehen. Sie sind verboten. Nach dem Punkt, an dem die Sonne aufgeht, und dem Punkt, wo Ussuri und Amur zusammenfließen, kann China nur in einer „ganz bestimmten" Richtung liegen. In aller Eile organisieren wir für den folgenden Morgen eine Taxifahrt, wenn der Dolmetscher uns noch in den Betten wähnt. Nach einer einstündigen Fahrt zwischen Kolonnen von Militärlastwagen und einem spontanen Umweg, als wüßten wir nicht, wo wir anhalten wollen, um ein Erinnerungsfoto aufzunehmen, befinden wir uns am Ufer eines Flusses, der bestimmt dreimal so breit wie der Po ist. Es ist der Ussuri mit seinen Problemen. Auf dieser Seite Soldaten, die sich nicht um uns kümmern, auf der andern Seite kleine Punkte, zweifellos die chinesischen Wachen. Die beiden Armeen stehen sich gegenüber, ohne zu schießen. Die Russen tragen aber ihre Helme, als ob der Grenz„zwischenfall" – denn als solchen haben sie das mehrtägige Gefecht schon bezeichnet – jeden Augenblick wieder aufflammen könnte. Der Wind trägt chinesische Wörter zu uns herüber; sie sind an die Russen gewandt. Meist sind es Schimpfwörter und Beleidigungen.

Hinter dem „Zwischenfall" verbirgt sich ein Problem von ungeheuren Dimensionen. Hier an der „Grenze" scheint man den ideologischen Bruch weniger zu spüren als eine andere, düster drohende Realität: China erklärt das riesige Territorium des Amur-Ussuri-Beckens zu seinem Besitz und die Verträge für ungültig, die die Chinesen nach dem Vordringen der zaristischen Kosaken unterzeichnen mußten. Chabarow, ein wilder Freischärler (Chabarowsk ist nach ihm benannt worden), drang mit seinen Kosakenhorden bis hierher vor und verwickelte die Chinesen in einen Krieg, von dem niemand in Petersburg etwas wußte. Nicht einmal der Zar selbst. Nach vollendeter Tat meldete man ihm allerdings den Sieg. Der Gouverneur jener fernen Länder, General Graf Murawjow (den der Zar dorthin abgeschoben hatte, um ihn für gewisse Machenschaften am Hof zu bestrafen), sandte einen Boten nach Petersburg, einen „Kurier des Zaren". Dieser überbrachte dem Zaren die Nachricht vom Sieg und von den Ländereien, die Murawjow und Chabarow ihm zum Geschenk machten. Dies war im Jahr 1858.

Mit den mächtigen Kosakenverbänden im Rücken zwang Rußland China zur Unterzeichnung von Verträgen, welche die Dreistigkeit dieser Truppen noch belohnten und China umfangreiche Ländereien kosteten. Die Daten sind Geschichte: Vertrag von Aihun 1858, Vertrag von Beijing (Peking) 1860, Vertrag von Ili (Kuldja) 1881, Verträge von Lissabon 1887. Das zaristische Rußland gelangte so in den Besitz von Reichtümern, deren Ausmaß kein Mensch am Kaiserhof auch nur erahnen konnte. Allerdings auch kein Mensch in China, das sie abtreten mußte.

Obwohl diese Gebiete in allen Verträgen für russisch erklärt werden, hat China stets deren Rückgabe gefordert. Nicht einmal in den Jahren der russisch-chinesischen Idylle im Schatten der kommunistischen roten Flagge hat China diese Grenzen anerkannt. Als sich

die Beziehungen wieder verschlechterten, war das sibirische Eldorado erneut chinesisches Territorium, das die Russen zurückgeben mußten. Mehr als je zuvor. Der Streit der beiden kommunistischen Großmächte an jenem Ussuri, der – nach Ansicht der Chinesen zu Unrecht – die Grenze bildet, dreht sich um das, was unter diesen Gebieten verborgen liegt.
Wir reisen über märchenhafte Reichtümer. Allein in der Region von Bogotol, Itat und Ircha hat man ein 1700 Quadratkilometer großes Braunkohlelager entdeckt; ungefähr 100 Milliarden Tonnen Kohle, die nur darauf warten, abgebaut zu werden. Und sehr oft kann dies im Tagbau geschehen, wo eine Tonne hundert Mal billiger ist als an andern Orten, wo sie unterirdisch abgebaut werden muß. An der Lena gibt es einen Eisenberg, ganz in der Nähe der Stadt Schelesnogorsk. Vier Fünftel der Einwohner dieser Stadt sind jungverheiratete Ehepaare unter 25 Jahren. Man erzählt sich, daß die Liebe die Bewohner von Schelesnogorsk am Leben erhalte, denn des Nachts würde es so kalt, daß viele sterben würden, wenn sie sich nicht eng aneinanderschmiegten.
Im gleichen Gebiet an der Lena liegen die ergiebigsten Goldminen der UdSSR. Früher arbeiteten dort die von den Zaren Deportierten, danach die von Stalin Deportierten. Heute sind es Freiwillige der staatlichen Jugendorganisation Komsomol.
Im Seitengang jagen sich Kinder. Zu unseren Ehren stimmt jemand „Santa Lucia" an. In einem kleinen Ort stellt sich eine Lokomotive neben uns und füllt den Tank jedes Waggons mit schmutzigem Wasser. Umstände werden keine gemacht. Die Reisenden werden begossen, und die ganze Angelegenheit ist eine Abwechslung.
Draußen, vor dem Fenster, sehe ich Russen, die in diesem Pionierland wie Filmgestalten aus Hollywood leben. Nur hat noch niemand das Epos dieses Volkes aus dem Fernen Osten auf die Leinwand gebracht; seine Lebensbedingungen sind mindestens ebenso rauh wie diejenigen jener Pioniere, die in Tausenden von Wildwestfilmen verherrlicht worden sind.
Birken, nichts als Birken. Der Zug fährt durch endlose Weiten, die der Frost in ein Meer von runden Schollen verwandelt hat. In wenigen Wochen werden hier die Sonnenblumen blühen. Auf Tausenden von Kilometern nur Birken und Sonnenblumen.

ГОСТИНИЦА МИР
ГОСТИНИЦА

3

9

10

ЯРОСЛАВСКИЙ
ВОКЗАЛ
ИЗБЕРЕМ В ВЕРХОВНЫЙ СОВЕТ СССР
ПЕРЕДОВЫХ ПРЕДСТАВИТЕЛЕЙ НАРОДА!

11

1
Moskau. Abendstimmung über der großen russischen Hauptstadt, dem größten Wirtschafts- und Kulturzentrum der Sowjetrepubliken. Die Stadt steht an der Moskwa, einem Nebenfluß der Oka, die ihrerseits in die Wolga mündet. Historischer und baulicher Kern von Moskau ist der im 12. Jahrhundert errichtete Kreml. Um ihn herum dehnte sich die Stadt in konzentrischen Kreisen aus. Jede Ausbauphase wurde von Verteidigungsmauern umschlossen, die jedoch zu verschiedenen Zeiten wieder zerstört wurden. An ihrer Stelle sind die heutigen prächtigen Ringstraßen entstanden.

2
Moskau. Kreml. Links die Zwölf-Apostel-Kirche und der Patriarchenpalast, der um die Mitte des 17. Jahrhunderts vom Patriarchen Nikon erbaut wurde. Mit diesem luxuriösen Palast, welcher der Residenz der Zaren ebenbürtig sein sollte, wollte der Patriarch die Überlegenheit der religiösen über die weltliche Macht demonstrieren. Die Erbauer übernahmen den Stil der nahen Uspenski- und der Erzengel-Michael-Kathedrale, so daß die Zwölf-Apostel-Kirche und der Patriarchenpalast mit den übrigen Gebäuden um den Kathedralenplatz eine architektonisch harmonische Einheit bilden. Der Glockenturm „Iwan der Große“ wurde 1508 vom italienischen Baumeister Bon Friazin vollendet; gegen Ende des 17. Jahrhunderts wurde der Turm auf 81 Meter erhöht, und eine Inschrift in goldenen Lettern unterhalb der Kuppel verkündete, daß Zar Boris Godunow der Erbauer dieses oberen Teils war.
Rechts die Kuppeln der Uspenski-Kathedrale, einer der ältesten Kirchen des Kremls. Sie entstand im 15. Jahrhundert in der Regierungszeit von Iwan III., der den italienischen Baumeister Aristotele Fieravanti beauftragte, eine Kathedrale nach dem Vorbild derjenigen von Wladimir zu errichten. Die Arbeit des italienischen Architekten stieß damals auf großes Interesse, weil er den Russen unbekannte Materialien und Techniken anwandte. Nach ihrer Vollendung im Jahre 1479 bestach die Uspenski-Kathedrale durch die Einfachheit ihrer Fassaden und die Vollkommenheit ihrer Proportionen. Ebenso großes Staunen erweckten der große Innenraum und das durch zahlreiche Fenster einfallende Licht. Die Kathedrale war von Anfang an die Hauptkirche des russischen Staates, in der ekklesiastische Ereignisse (Krönung der Zaren, Beisetzungen von Würdenträgern der Russischen Kirche) und weltliche Zeremonien gefeiert wurden.

3
Moskau. Die Untergrundbahn, eine wahre unterirdische Stadt, die 1932 eröffnet wurde. Zum Bau dieses Monuments wurden verschiedene Marmorarten (aus dem Kaukasus, aus der Krim, aus dem Ural und aus Zentralasien), Granite, Bronze, Keramiken und Kristalle verwendet. Jede Station ist auf andere Art ausgestattet.

4
Moskau. Das Bolschoi-Theater, das in seiner jetzigen Form aus dem Jahr 1856 stammt. Sein Ursprung geht jedoch schon auf das Jahr 1776 zurück; die ersten Schauspieler, Sänger und Tänzer waren Leibeigene, Naturtalente. Das Bolschoi ist ein großartiges und luxuriöses Theater, dessen Bühne rund zweitausend Darstellern Platz bietet. Es ist in Rußland Brauch, daß jedes Theater über eigene Ensembles verfügt, die zwar in anderen Städten Gastspiele geben, aber doch mit ihrem eigenen Theater fest verbunden sind und dadurch dessen künstlerische Tradition wahren. Die Zuschauer stammen aus allen Standes- und Berufskreisen, und die Premieren sind nicht mondäne Ereignisse wie im Westen, Paraden der Prominenz und der großen Roben. Da die Vorstellungen am späten Nachmittag beginnen, strömen die Moskauer nach Arbeitsende in ihrer gewohnten Kleidung herbei.

5
Moskau. Die Basilius-Kathedrale. Im Jahr 1555 wollten die russischen Baumeister Posnik und Barma die Welt mit diesem einzigartigen Bauwerk in Erstaunen versetzen. Es besteht aus acht von mehrfarbigen Kuppeln überdachten Kapellen; diese sind auf den Achsen und Diagonalen rund um die Hauptkapelle angeordnet, über der eine mit Arabesken verzierte Spitze emporragt. Die Kirche trug ursprünglich den Namen Pokrowskij am Wassergraben; ihren jetzigen Namen erhielt sie erst im Jahr 1588, als die zehnte Kapelle über dem Grabmal von Basilius errichtet wurde.

6
Moskau. Ein leichtes Schneegestöber verleiht dem von starken Scheinwerfern beleuchteten Roten Platz einen ganz besonderen Reiz. Der 70.000 Quadratmeter große Platz entstand im Laufe der Jahrhunderte, umringt von den größten Monumenten der russischen Architektur: vom Kreml mit seinen Türmen und Mauern und von der Basilius-Kathedrale. Die Mauern und Türme wurden zwischen 1485 und 1495 errichtet und sind seither unverändert geblieben. Ihre Gesamtlänge beträgt, einschließlich der Türme, 2235 Meter; der Kreml bedeckt eine Fläche von 28 Hektaren. Links im Bild befindet sich GUM, das größte Kauf- und Warenhaus der Sowjetunion.
Dieses Geschäftshaus wurde am Ende des letzten Jahrhunderts nach Plänen des Architekten Pomerantzow erbaut, dort, wo sich im 16. Jahrhundert der alte Markt befand. Rechts vor der Mauer steht das Lenin-Mausoleum, ein Werk des Architekten A. Skjusew aus rosarotem und grauem Granit und aus schwarzem Quarzit. Im Hintergrund die Basilius-Kathedrale mit den typischen Zwiebeltürmen.

7
Moskau. Der Rote Platz in den Vormittagsstunden. Rechts die imposante Kreml-Mauer und das Lenin-Mausoleum. Links die Basilius-Kathedrale. Zu den Zeiten, in denen der größte Besucherandrang zum Mausoleum herrscht, ist auch der Fußgängerverkehr auf dem Roten Platz untersagt, und die militärischen Wachen sorgen für möglichst große Ruhe und Ordnung in der langen Schlange.

8
Moskau. Der Besucherstrom zum Lenin-Mausoleum ist bei jeder Temperatur gleich groß. Auch im Winter, wenn das Thermometer auf 30 Grad unter Null sinkt, reihen sich Tausende von Russen in die Schlange auf dem großen Platz ein, um der sterblichen Hülle Lenins die Ehre zu erweisen. Beim Eingang zum Mausoleum steht Tag und Nacht die Ehrenwache, die am 26. Januar 1924, kurz vor Lenins Beisetzung, aufgezogen wurde. Zu jeder Stunde findet die feierliche Zeremonie der Wachablösung statt, die jeweils zwei Minuten und 45 Sekunden vor jeder vollen Stunde beim Erlösertor beginnt. Im Gleichschritt geht die neue Wache der Mauer entlang und vollzieht die Ablösung zu den Klängen des Glockenspiels des Kremls. (Während des letzten Krieges wurde Lenins Leiche an einen geheimen Ort im Ural in Sicherheit gebracht.)

9
Moskau. Einige Bäuerinnen, die in der Hauptstadt Obst und Gemüse verkauft haben, kehren in ihre Kolchosen zurück. In den Säcken bringen sie Waren heim, die sie in Moskau gekauft haben.

10
Moskau. Im Bahnhof. Erwartungsvoll bietet eine Blumenfrau den Reisenden getrocknete Blumen an. Die Russen sind leidenschaftliche Blumenfreunde, und die Beete und Gärten werden sorgfältig gepflegt, auch wenn die Blumensaison nur von kurzer Dauer ist.

„Moskau. Der Chauffeur des Wagens, den Intourist mir zur Verfügung gestellt hat, vollbringt wahre Wunder, um mich rechtzeitig zum Bahnhof zu bringen, von dem aus jeden Tag die direkten Züge nach Sibirien abfahren. Vor kurzem habe ich die Genehmigung erhalten, Moskau zu verlassen. Am Bahnhof angekommen, werde ich dem Waggonschaffner übergeben, der die Fahrkarten an sich nimmt (sie werden erst am Ende der Reise zurückgegeben). Ich gehe über den Bahnsteig, an dem mein Zug wartet. Auf der Seite des Wagens hängt eine Tafel mit der Aufschrift ‚Moskau-Wladiwostok'. Kaum bin ich eingestiegen, setzt sich die Lokomotive an der Spitze des langen Zuges der Transsib in Bewegung; ein paar heftige Rucke, dann wird die langsame Fahrt fast widerwillig immer gleichmäßiger. Die zwanzig Wagen sind eine kleine Stadt auf Rädern: ihr Weg ist für die einen voller Hoffnung und Freude, für die andern voller Trauer und Schmerz. Er führt fast 10.000 Kilometer weit über den Ural in den Fernen Osten."

(Aus dem Tagebuch von Enzo Pifferi)

11
Moskau. Jaroslawler Bahnhof. Dieses im Jahr 1907 nach Plänen des Architekten F. Chektel errichtete Gebäude erinnert in der Form seines Daches an den Kokonik, die alte russische Haartracht. Der Bahnhof steht am Komsomolskaja-Platz; dessen Name erinnert an die Heldentaten der Komsomolzen, die die riesigen Eisenindustrien von Magnitogorsk und Nowosibirsk aufgebaut hatten. In diesem Bahnhof beginnt die große Reise zum Pazifik. Neben dem Jaroslawler Bahnhof befindet sich der Leningrader Bahnhof, von wo die Züge in die baltischen Staaten abfahren, und ihm gegenüber steht der Kasaner Bahnhof, von dem aus man in den Süden der Sowjetunion abreist.

12
Der „Rossija", der Moskau mit Wladiwostok verbindet, fährt jeden Morgen um 10.00 Uhr vom Jaroslawler Bahnhof ab. Eine einfache Fahrkarte erster Klasse für die ganze Strecke kostet 120 Rubel, etwas mehr als 300 Schweizer Franken.

13
Aufschrift am Wagen der Transsib in kyrillischer Schrift „Moskau-Wladiwostok". Die verhältnismäßig neuen Wagen (aus den sechziger Jahren) verfügen durchwegs über Couchette-Abteile mit ein, zwei oder vier Plätzen. Die meisten Waggons sind außen grün oder rot gestrichen; die grünen werden in der Sowjetunion gebaut, die roten stammen aus der DDR. Normalerweise ist der Wagen Nr. 10 der Wagen erster Klasse; er ist für die ausländischen Gäste und für die hohen zivilen oder militärischen Funktionäre der Sowjetunion reserviert.

14
Die extreme Kälte verhindert, daß der ganze Zug von der Lokomotive aus geheizt werden kann. In jedem Wagen gibt es deshalb einen kleinen Heizraum mit einem Kohleofen, der die Innentemperatur in den Abteilen auf +28 °C hält.

15
Es ist sehr wichtig, daß immer genügend Kohle vorhanden ist; der Vorrat wird jeweils an den größeren Stationen ergänzt, wo der Zug eben lange genug zum Ein- und Ausladen anhält. Der Gehilfe wartet auf den Traktor, der jene Kohlemengen verteilt, die zum Heizen bis zur nächsten Station benötigt werden.

16
Am Ende des Ganges steht in einer Nische ein moderner Samowar. Er liefert ununterbrochen heißes Wasser für den Tee, der kostenlos und in reichlicher Menge angeboten wird. Es ist jedoch Sitte, ein paar Kopeken für den Zucker und die zum Tee servierten Biskuits hinzulegen.

17
In vergangenen Zeiten war das Teetrinken in den russischen Familien eine große Zeremonie. Diese Tradition ist bis heute erhalten geblieben. Der Tee wird in Glasbechern serviert, die in offenbar aus Silber getriebenen Henkelträgern stehen. Auf ihnen werden oft die Türme des Kremls, das Bildnis Lenins oder Szenen aus der sowjetischen Raumfahrt dargestellt.

18
„Trotz der modernen Konstruktion vermittelt das Abteil auf den ersten Blick den Eindruck einer Reise in die Vergangenheit: zwei Betten nebeneinander, dazwischen ein schmaler Gang; in der Mitte ein Tischchen mit einem weißen, bestickten Leinentischtuch; darauf ständig zwei Teetassen, ein paar Biskuits und die unvermeidliche Zeitung ‚Sowjetskaja Rossija'. Weiße Vorhänge schmücken das einzige, kleine Fenster. Unter den ziemlich breiten Betten sind Ablagen für das Gepäck. In einem andern Fach über der Tür sind die Kissen und Decken untergebracht. Gegen Abend zeigt mir der Wagenchef, wie ich das Bett machen und mich für die Nacht einrichten kann . . .

Das Fenster ist der beste Platz, um Aufnahmen zu machen. Das größte Hindernis stellen die plombierten Doppelscheiben dar, die den kristallisierten Dampf und die Kälte abhalten. Überdies verschmutzt der Rauch der Kohleheizung die Fenster von außen. Bei jeder Station steige ich, mit Handschuhen und Ballen aus Zeitungspapier bewaffnet, aus und reinige die Fenster, was dem Wagenschaffner, der mich allüberall beobachtet, großen Kummer bereitet."

(Aus dem Tagebuch von Enzo Pifferi)

19
Die Transsib in voller Fahrt durch die Außenbezirke von Moskau. Dieses Land rund um die Hauptstadt ist mit zahlreichen Erinnerungen behaftet. Die Städte, durch die man fährt, haben bei der Entstehung des russischen Staates eine große Rolle gespielt. Vom Zugfenster aus erkennt man in der Ferne die vergoldeten Türme der Dreifaltigkeits- und der Sergius-Kirche von Sagorsk. Zuerst folgt der Zug der Linie Jaroslawl – Perm nach Norden, dann wendet er sich nach Osten dem Ural zu. Die legendäre Transsib durchquert das Herz der großen Sowjetunion: von ihr aus hat der Reisende einen ausgezeichneten Ausblick auf das russische Leben und seine großen Probleme.

20
Ural. Ein kleines Stationsgebäude aus Stein ersetzt das alte Holzhaus. Natürlich darf eine Statue von Lenin vor dem Bahnhof nicht fehlen.

21
Ural. Dieses kleine Stationsgebäude ganz aus Holz unweit des Ural-Gebirges stammt noch aus der Zeit, in der die Transsibirische Eisenbahn gebaut wurde.

12

13

16

17

СОВЕТСКАЯ РОССИЯ

20

21

22

23

24

28

29

22
Hinter der Stadt Perm beginnt die Gebirgskette des Ural anzusteigen, die sich von der Karasee bis gegen die öden Kirgisensteppen hinunterzieht. Der Ural, eines der mächtigsten Gebirgssysteme der Primärzeit, liegt heute unter einer Schicht von fluvio-glazialen Sedimenten. Durch die Erosion von Jahrtausenden haben sich eine Reihe von abgeschliffenen Buckeln und Gratlinien herausgebildet, die in niedrigen Wellen zum Westsibirischen Tiefland hin abfallen. Die sanften Hänge und die nicht sehr hohen Berge stellten nie ein ernsthaftes Hindernis zwischen Asien und Europa dar; der Ural war auch nie eine klimatische, biologische, menschliche und wirtschaftliche Grenze. Aufgrund seiner Beschaffenheit wird der Ural meistens in drei Teile eingeteilt: in den Stein- oder nördlichen Ural, den Metall- oder Mittelural und den Wald- oder südlichen Ural. Die großen Mineralvorkommen lockten die Russen in diese gebirgige Zone, die zu einem außerordentlich wichtigen Wirtschaftsbezirk wurde. Der Ural ist bekannt für seine herrlichen Steine, z. B. für die Malachite, die in zahlreichen Museen auf der ganzen Welt anzutreffen sind, und für seine Diamant- und Goldvorkommen.

23
In den schneereichen Gebieten des Ural ist der Schlitten nach wie vor das beliebteste Transportmittel für Kinder und Waren. Vom Zug aus sieht man oft ganze Gruppen von Menschen, die entlang der Eisenbahnschienen von einem Ort zum andern ziehen.

24
Ural. Die Isben in den Dörfern sind von außen über Sprossenleitern zu erreichen. In der schneereichen Zeit ziehen sich die Bewohner in den obern Stock zurück, damit sie nicht im Erdgeschoß vom Schnee eingeschlossen werden.

25
Das Ural-Gebirge enttäuscht oft. Diese berühmte Bergkette erweist sich eher als Hügellandschaft: dennoch ist der Anblick der abwechslungsweise draußen vor den Fenstern vorbeiziehenden Birken- und Nadelwälder, der Dörfer und kleinen, hölzernen Stationsgebäude hochpoetisch.

26
„Wir sind in einem Dorf im Ural-Gebirge angekommen. Es ist 17.36 Uhr. Der ‚Rossija‘ hat viereinhalb Stunden Verspätung; wir hätten um 13.05 Uhr hier eintreffen sollen. Diese Verspätung ist außerordentlich groß im Vergleich zur Präzision, mit der dieser Zug normalerweise die ganze Strecke zurücklegt. Die Matrioschka (Gehilfin) steigt aus und schlägt mit einer Axt den Eisblock ab, der sich am Wagen auf der Höhe des Toilettenabflusses gebildet hat. Anderes Bahnpersonal kontrolliert die Räder und lädt die Kohlenration für die Nacht ein.“

(Aus dem Tagebuch von Enzo Pifferi)

27
Ural. Aus dem Fenster der Transsib erscheinen die Wälder des Ural verschleiert durch die vom Zug aufgewirbelten Schneewolken.

28
Ural. Ein Güterzug ist in tiefem Schnee steckengeblieben (Detail). Auch die normalerweise pünktliche Transsib erleidet massive Verspätungen, wenn sie in einen Schneesturm gerät.

29
Ural. Bei ausgiebigen Schneefällen kann die weiße Decke so hoch werden, daß der Schnee nicht noch höher zu beiden Seiten der Geleise aufgehäuft werden kann. Dann wird ein Spezialzug eingesetzt, der den Schnee vorne auflädt und mit Förderbändern in die hinteren Waggons transportiert.

30
Güter werden mit verschiedenen Zugskompositionen transportiert: da gibt es ganze Züge mit Tankwagen, im wahrsten Sinne fahrende Pipelines, Kompositionen mit Containerwagen, die für Japan oder die Vereinigten Staaten bestimmt sind, und gemischte Züge, die Raupenschlepper, Autos und Boote befördern. Zahlreich sind auch die isothermischen Kompositionen mit ihren Generatorwaggons, die je nach Jahreszeit für Heizung oder Kühlung sorgen; diese Züge führen richtiggehende Bürowagen mit.

31
Die Sowjetunion besitzt den größten Forstbestand der Erde; er beläuft sich auf rund einen Fünftel des Weltbestandes. Die erste ungeheure Arbeit, die diese Wälder aufgeben, besteht im Fällen der Bäume. Wenn das Fällen nach wissenschaftlichen Gesichtspunkten erfolgt, kann es sogar Vorteile bringen, und in Sibirien geht man in dieser Hinsicht mit großer Überlegung ans Werk. Das ideale Alter der Kiefern, Lärchen, Zedern und Tannen liegt zwischen 100 und 150 Jahren; die Qualität des Holzes wird schlechter, wenn es älter als 170 Jahre ist. Die Wissenschafter halten es für möglich, jährlich 80.000.000 Kubikmeter Holz zu fällen, ohne das Gleichgewicht der Natur zu stören. Von dieser Riesenmenge Holz werden zwei Drittel in der Industrie verwendet, ein Drittel dient als Brennstoff. Zum Fällen werden immer mehr mechanische Hilfsmittel eingesetzt, der Transport bringt aber große Probleme mit sich, welche die Wasserwege zum Flößen, die befahrbaren Straßen und die Eisenbahnen betreffen. In der europäischen Sowjetunion stehen die Holzindustrien an Flußufern und in Wäldern, aber wie in jedem andern Industriezweig besteht auch hier die Tendenz, die Produktion von Pappe, Zellulose und Papier weiter nach Osten zu verlegen. Große Fabriken entstehen am Ob, am Irtysch und am Jenissei, an der Lena und an der Angara, denn hier ermöglicht die von den Wasserkraftwerken preisgünstig gelieferte Energie eine wirtschaftliche Verarbeitung.

32

Jenseits des Ural dehnt sich die knapp 13 Millionen Quadratkilometer große Fläche Sibiriens bis an den Pazifischen Ozean aus. „Sibir“ bedeutet im Tatarischen „Morgenröte“ oder „schlafendes Land“, doch scheint der lange Schlaf Sibiriens jetzt der Vergangenheit anzugehören.

Die Bodenschätze Sibiriens sind noch nicht in ihrem ganzen Umfang bekannt, doch nach vorsichtigen Schätzungen verfügt Sibirien über 80 Prozent aller Kohlevorkommen der Sowjetunion, über ein Viertel des Nutzholzbestandes der Welt, über enorme Erdöl- und Erdgasreserven, über einen großen Reichtum an Gold und Diamanten sowie über Blei, Nickel, Wolfram, Mangan, Kobalt, Eisen, Asbest und Bauxit. Sein hydroelektrisches Potential ist unermeßlich. In Bratsk ist der größte Staudamm der Welt errichtet worden, weitere sind zur Zeit an den größeren Flüssen Sibiriens im Bau. Der Überfluß an Elektrizität und die unterirdischen Wärmequellen haben bei den Russen eine wundervolle Zukunftsvision hervorgerufen. Sie träumen davon, den Dauerfrostboden zu besiegen, ihre Städte unter Plastikkuppeln mit Klimaanlagen und künstlicher Beleuchtung aufzubauen, in denen das Leben auch außerhalb der Wohnstätten möglich sein soll. Da Sibirien nach Norden abfällt, münden seine Flüsse ins Nordpolarmeer. Es existieren aber kühne Pläne: Die Flüsse sollen nach Süden umgeleitet werden, um dort die Wüste und die Steppen zu bewässern. Außerdem soll das so umgeleitete Wasser mithelfen, die Versandung des Kaspischen und des Asowschen Meeres aufzuhalten, die beide sehr fischreich sind (Stör und Rotfisch). In Westsibirien soll die Änderung der Flußläufe auch zweieinhalb Millionen Quadratkilometer Sumpfland trockenlegen; dadurch könnten die Produktionskosten von Erdöl gesenkt und große Weidegebiete angelegt werden. Noch phantastischer muten die Konstruktionspläne für den Bau eines Dammes in der Beringstraße an, der zu einer Mäßigung des sibirischen Klimas führen soll. Dabei würde es sich darum handeln, das Nordpolarmeer durch den warmen Golfstrom aus dem Westen aufzuheizen und das kältere Wasser durch den Damm in den Pazifik zu leiten. Die Gelehrten sind der Ansicht, daß derartige Projekte mit den heutigen technischen Mitteln durchaus realisiert werden könnten, daß es aber sehr schwierig sei, die Auswirkungen auf das Gleichgewicht der Natur vorauszusehen.

33

Ein Raupenfahrzeug schleppt die kleine Behausung eines Jägers. Die Steppe im Hintergrund scheint im Unendlichen zu verlaufen. Trotz der Ausdehnung des Territoriums ist die sibirische Landschaft außerordentlich eintönig. Entlang des nördlichen Eismeeres verläuft ein Landstrich, den die Russen Tundra nennen; dort wachsen Moose und Flechten. Weiter südlich wird die Vegetation immer dichter, und schließlich bedecken Lärchen und Birken das Land. Dies ist die Taiga, die sich über mehr als 3000 Kilometer erstreckt und eines der größten Nutzholzvorkommen der Welt darstellt. Da gibt es noch Orte, die vom Menschen unberührt sind; die Taiga ist schön und schweigend, aber auch voller Gefahren: Sümpfe, Wölfe, Bären und giftige Insekten. Wer in sie eindringen will, muß sie kennen, und die alten Bewohner der Taiga führen immer eine entsprechende Ausrüstung mit; dazu gehören eine Axt, eine Säge, ein Messer, eine Feuerwaffe und Utensilien, mit denen man ein Feuer entfachen kann. Die Wissenschafter und Geologen der Forschungsexpeditionen haben von den einheimischen Völkern Sibiriens gelernt, wie man überleben und aus bestimmten Zeichen im Wald auf die Wetterentwicklung schließen kann. Vom Ural bis in die Mandschurei erstreckt sich eine endlose, fast ebene Steppe, die gegen Süden hin allmählich in Wüste übergeht.

34
Der Bahnhof von Nasjwajewsk in der Gegend von Omsk.

35, 37
Frauen arbeiten entlang dem Schienenstrang. Die Frauen spielen im Alltagsleben ganz besonders in Sibirien eine grundlegende Rolle. Sie sind den Männern zahlenmäßig überlegen, und dies ist teilweise auf die Kriege zurückzuführen und auf die Repressionen, unter denen alle Generationen mehr oder weniger stark zu leiden hatten. Die Frauen fahren schwere Lastwagen, sie arbeiten auf Eisenbahnen und entlang der Geleise, sie reinigen Straßen und arbeiten auf Baustellen. Arbeiten, die uns erschauern lassen, sind dort für Frauen durchaus an der Tagesordnung, aber es staunt auch niemand über Männer, die den Haushalt besorgen und die Kinder großziehen. Ehemänner, die ihre Kinder im Wagen oder auf dem Schlitten spazierenfahren, sind ein vollkommen alltäglicher Anblick.

36
Eisenbahnarbeiter befreien die Schienen vom Schnee mit Hilfe eines Pferdeschlittens.

38
Eine Lokomotive mit Schneeschleuder.

39
Eisenbahnarbeiter erwärmen sich an einem kleinen Feuer zwischen den Geleisen.

40
Eine Industriezone neben der Eisenbahnlinie.
Kurz vor Ausbruch des 2. Weltkrieges hatten die Russen den Plan gefaßt, die Industrie nach Sibirien umzusiedeln, und das neue Programm war noch kaum in Angriff genommen worden, als 1941 schon die Nazi-Truppen in die russische Ebene einfielen. In der europäischen Sowjetunion hatte sich im Laufe der Zeit über ein Drittel der russischen Produktion konzentriert, und deshalb war man gezwungen, die Umsiedlung nach Osten zu beschleunigen. Diese stark vorangetriebene Industrialisierung fiel bei der nach dem Krieg getroffenen Entscheidung, Sibirien und die Gebiete ganz im Osten möglichst rasch zu entwickeln, schwer ins Gewicht.

41
Der grün gestrichene Bahnhof von Nowosibirsk wurde in neoklassischem Stil erbaut. Lange Treppen führen zu den Geleisen hinunter, und die riesigen Wartesäle vermögen die vielen Reisenden kaum zu fassen: mit Bündeln beladene Bauern, Soldaten, Studenten und jung verheiratete Paare, die weiter nach Osten ziehen. Die Gründung der Stadt steht in enger Verbindung mit dem Namen des Eisenbahningenieurs Nikolai Garin-Michailowskij. Er war vom Zaren beauftragt worden, die Eisenbahnlinie durch Steppen, über Berge und durch die Taiga zu vermessen, und wählte diesen Ort, um eine Brücke über den Ob zu schlagen. Nowo-Nikolajewskij wurde das erste kleine Arbeiterdorf getauft, das 1893 dort entstand, wo sich der Fluß Kamenka in den majestätischen Ob ergießt. Die ausgezeichnete geographische und wirtschaftliche Lage sorgten für eine rasche Entwicklung, so daß die Stadt nach zehn Jahren bereits 32.000 Einwohner zählte. Grundlegende Änderungen ergaben sich aber erst nach der großen Oktoberrevolution, und 1925 wurde die Stadt in Nowosibirsk umgetauft. Die alten Holzhäuser wichen modernen vorfabrizierten Bauten; die Stadt dehnt sich auf beiden Seiten des Ob immer weiter aus: heute bedeckt sie eine Fläche von 60.000 Hektaren und zählt ungefähr 1.350.000 Einwohner.

30

31

32

33

34

35

37

36

38

39

ДОМ
КНИГИ

43

44

СУХО
ФРУКТЫ
ФРУКТЫ

46

47

48

50

42
Eine fahrbare Apotheke vor dem Bahnhof.

43
Nowosibirsk. Trotz der extremen Kälte – die Temperatur kann bis auf –50°C sinken – wird in Sibirien viel Eis gegessen, denn es hat einen hohen Nährwert. Überall in den Straßen der Stadt trifft man auf Verkaufsstände.

44, 45
Nowosibirsk. In einem Kolchosen-Markt. Wie in Moskau und Leningrad gibt es auch in Nowosibirsk einen Kolchosen-Markt, auf dem der Kleinbauer die über seinen Eigenbedarf hinausgehenden Produkte anbietet; er legt die Verkaufspreise selber fest, und meist sind sie höher als in den staatlichen Geschäften, wo das Angebot jedoch häufig mangelhaft ist.

46
Nowosibirsk. Trotz der Kälte begibt sich ein junges Hochzeitspaar in den leichten Hochzeitsgewändern zum Lenin-Denkmal, um dort Blumen niederzulegen. Es ist zwar nicht Pflicht, aber in der Sowjetunion doch weit verbreiteter Brauch, daß die Jungvermählten nach der Zeremonie im Rathaus den Helden die Ehre erweisen. In Sibirien wird meist in sehr jungen Jahren geheiratet, um der Eintönigkeit und Einsamkeit der langen Wintertage zu entfliehen. Die Eheschließungen sind zahlreich, ebenso die Scheidungen.

47
Nowosibirsk. Ein junger Vater zieht seinen Sprößling auf dem Schlitten durch den „Krasnj Prospekt“, die Hauptstraße der Stadt.

48
Das Operntheater von Nowosibirsk, welches den Übernamen „Bolschoi“ von Sibirien trägt. Es steht am „Krasnj Prospekt“ und wurde am 12. Mai 1945 eröffnet, als die ganze Sowjetunion den Sieg über die Nazi-Invasoren feierte. 1970 wurde vor dem Theater eine Bronzestatue von Lenin aufgestellt.

49
Ein großes Denkmal im Stadtteil Kirow erinnert an die 30.000 Bürger von Nowosibirsk, die im letzten Krieg an den verschiedenen Fronten ums Leben gekommen sind. Am ewigen Feuer zieht die Wache der Studenten auf, die unter den besten Schülern der höheren Institute ausgewählt werden.

50
Nowosibirsk. In einer neuen Fabrik, in der Spraydosen für Insektizide und Haarlacke hergestellt werden. Spezialisten aus Italien sorgen für die Montage der in Italien hergestellten Maschinen.

51
Nowosibirsk. Nach jedem Schneefall räumen große Lastwagen die Straßen der Stadt. Der Schnee wird in den Fluß Ob abgeladen, um zu vermeiden, daß die Stadt sich nach Einsetzen des Tauwetters im Frühling in einen einzigen großen Sumpf verwandelt.

52
Akademgorodok. Ein Geologe des Forschungsinstitutes entnimmt Proben aus dem Ob.

53

25 Kilometer außerhalb von Nowosibirsk liegt Akademgorodok, die berühmte Stadt der Wissenschaft, die 1958 von Michail Lawrentjow gegründet worden ist. Die Gebäude stehen mitten im Wald; Eichhörnchen und Vögel aus der Taiga leben auch weiterhin auf den Tannen und Birken, die die Straßen der Stadt säumen. Die Stadt der Wissenschaft verleugnet sich auch in den Namen der Straßen und Plätze nicht: Straße der Thermophysik, Platz der Hydrodynamik, Straße der Geophysik. Damit wird zum Ausdruck gebracht, daß in Akademgorodok die Geistesarbeit im Vordergrund steht. Die Wissenschafter arbeiten in 22 Instituten; diese beschäftigen sich unter anderem mit Hydrodynamik, Mathematik (das Institut verfügt über ein eigenes Computer-Zentrum), theoretischer und angewandter Mechanik, Kernphysik, Geologie und Geophysik, anorganischer und organischer Chemie, Experimentalmedizin und -biologie, Philosophie und Philologie. Hier koordinieren die besten Köpfe der Sowjetunion die Forschungsarbeiten und geben die Richtlinien, mit deren Hilfe Sibirien in die reichste und produktivste Region der Welt verwandelt werden soll. Daneben existieren Experimentalstationen, in denen die von der Akademie ausgearbeiteten Projekte getestet werden. So stehen den Wissenschaftern zum Beispiel für landwirtschaftliche Experimente zwei große Gutsbetriebe zur Verfügung. Hier wird versucht, Pflanzen an die niedrigen Temperaturen Sibiriens anzupassen, damit sie widerstandsfähiger und ertragreicher werden. Auch mit Pelztieren, die heute noch ein Symbol für Reichtum sind, werden interessante Versuche durchgeführt, um ihre Fruchtbarkeit, die Qualität und Farbe ihres Pelzes zu verbessern. Akademgorodok verfügt auch über eine ausgezeichnete Universität, deren Dozenten jene Wissenschafter sind, die in den Forschungszentren arbeiten. Die Studenten arbeiten vom dritten Semester an auch in den Laboratorien, wo sie sich zur Theorie auch die notwendige Praxis aneignen können. Außenstationen mit besonderen Aufgaben gibt es auch in andern Städten Sibiriens. In Krasnojarsk zum Beispiel beschäftigen sich Institute mit Holzforschung, in Irkutsk studiert man die Erdkruste und die seismische Zone des Baikalsees, vor allem im Hinblick auf den Bau der neuen transsibirischen Eisenbahn im Norden des Sees. Auch Versuche mit Pelztieren sind hier im Gang. In Jakutsk im Norden steht das berühmte „Kälteinstitut", das brillante Lösungen für viele Probleme gefunden hat, die die niedrigen Temperaturen – bis –50°C – in diesen Zonen stellen.

54

Akademgorodok. Eine Expertin in Klimatologie entnimmt die meteorologischen Daten einer Station in einem Dorf in der Gegend von Nowosibirsk.

55

Nowosibirsk. Im Museum befindet sich ein riesiges Mammut-Skelett, das im Jahr 1939 gefunden worden ist. Seine Länge beträgt ungefähr vier Meter, und jeder seiner Zähne wiegt über 100 kg. Diese Mammutart, die an den indischen Elefanten erinnert, war in Sibirien vor rund 20.000 Jahren sehr verbreitet. Vor allem in Jakutien finden sich ganze Friedhöfe von Tieren, die vor der Eiszeit in den üppigen Wäldern lebten. Die Jäger und Bauern des Nordens, die mit dem Dauerfrost gut vertraut sind, wissen genau, wo sie nach Mammutzähnen und -stoßzähnen graben müssen. Diese bilden die Grundlage für ein auf der ganzen Welt einmaliges Kunsthandwerk: für das Schnitzen von kleinen Figuren – Frauen, Tiere, Rentierschlitten oder Jagdszenen – aus uraltem Elfenbein. 1911 stieß eine Forschergruppe auf ein ganzes, in einem Eisblock vollständig erhaltenes Mammut, dessen Fleisch von den Hunden gefressen wurde.

56
Nowosibirsk. Am Ob errichten die Freunde winterlicher Bäder aus großen Eisblöcken eine Mauer als Windschutz. Dann schlagen sie ein großes Loch in die vereiste Oberfläche und tauchen in die eiskalten Fluten des Ob. Dies ist eine uralte sibirische Tradition, deren Anhänger „morzhi“ (= Robben) genannt werden.

57
Nowosibirsk. 1957 wurde ein Staudamm gebaut, hinter dem nun der 20 km breite und 200 km lange Nowosibirsker Stausee liegt. Während sechs Monaten im Jahr sind Oberfläche und Grund gefroren. Durch den freien Hohlraum fließt das Wasser, das die zahlreichen Wasserkraftwerke speist. Im April werden normalerweise kleine Bomben unter der Oberfläche zur Explosion gebracht, um das Auftauen zu beschleunigen und die Schiffahrt wieder zu ermöglichen. Der Ob, russisch Obj („die zwei Flüsse“), entsteht durch den Zusammenfluß von Bija und Katun; er ist insgesamt 4016 km lang. Im allgemeinen ist er nicht sehr gut schiffbar, auch wenn er in der Vergangenheit als Wasserstraße für die Einwohner Westsibiriens eine ziemlich große Bedeutung gehabt hat. Heute nimmt er in der sibirischen Wirtschaft eine wichtige Stellung ein, denn an seinem Lauf sind riesige Stauseen und zahlreiche Wasserkraftwerke entstanden. Außerdem hilft er auch die unfruchtbare Kulundasteppe zu bewässern. Der Ob hat mit den andern Flüssen Sibiriens vieles gemeinsam: abgesehen von einigen Stromschnellen ein sehr flaches Gefälle; eindrucksvolle Breite; schwache Strömung; während vieler Monate im Jahr zugefroren; nur während kurzer Zeit Hochwasser, dann aber während der Tauzeit im Frühling sehr reißend; im Sommer infolge starker Verdampfung nur wenig Wasser. Die Flüsse, die ihr Wasser nach Norden führen, verursachen oft wahre Katastrophen. Da das Auftauen zuerst im Oberlauf beginnt, führen sie gewaltige Wassermengen mit sich; die Mündungen sind noch zugefroren und stellen dadurch Hindernisse dar, welche die Flüsse auf weiten Strecken über die Ufer treten lassen. Zwischen dem linken und dem rechten Ufer des Ob herrscht ein Zeitunterschied von einer Stunde, denn er verläuft genau auf der Grenze zwischen zwei Zeitzonen.

58
Witterungseinflüsse reduzieren im Winter die Durchschnittsgeschwindigkeit des „Rossija“ auf nur 50 km/h. Da die Geleise außerdem sehr alt sind, wird das Reisen auf gewissen Abschnitten, wo der Zug 80 km/h erreicht, sehr unruhig und unangenehm.
Am hintern Ende des „Rossija“ kann man ein unvergessliches Schauspiel mitansehen. Wie die Möwen einem Schiff, so folgen dem Zug ein paar Raben, die sich immer in der Nähe des Speisewagens aufhalten. Die Vögel, die viel schneller sind als der Zug, ruhen sich jeweils auf den Telegrafenmasten aus und erreichen dann wieder mit ein paar Flügelschlägen den verheissungsvollen Wagen am Schluß des Zuges.

59
Im Speisewagen.
„Ich mache mich auf den Weg zum Speisewagen, der sich ungefähr in der Zugmitte befindet. Es ist nicht einfach, dorthin zu gelangen, denn erstens muß man alle jene Menschen stören, die sich in den Gängen aufhalten, und zweitens muß man die Türen öffnen, deren Griffe so gefroren sind, daß die Haut der Hände daran kleben bleibt. Das Passieren der Wagenverbindungen ist gefährlich, denn die krummen Trittbretter sind mit einer Eisschicht überzogen und ständig in Bewegung. Jemand hat versucht, die Ritzen, durch die der Schnee ungehindert eindringt, mit Toilettenpapier etwas abzudichten. Im Speisewagen gibt es an den Wänden 12 Klapptische mit je vier Sitzplätzen. Am Boden herrscht eine ziemliche Unordnung: Berge von Bier- und Weinkisten und Biskuitschachteln. In einer Ecke kann man verschiedene Kleinigkeiten kaufen, vor allem Bonbons, Pralinen, marokkanische Orangen und Zitronen, bulgarische Marmeladen, ausgezeichnete Kuchen und russische Zigaretten."
(Aus dem Tagebuch von Enzo Pifferi)

60
Obwohl es im Speisewagen eine Registrierkasse gibt, zieht es die Kellnerin vor, die Rechnung auf dem alten Zählrahmen zusammenzuzählen. Jede Mahlzeit kostet ungefähr 7 bis 8 Rubel. Die Speisekarte bietet eine diskrete Auswahl an: von Vorspeisen wie Kaviar, Lachs, geräuchertem Hering, Prager Schinken und verschiedenen Salaten über „Borschtsch", „Soljanka" und „Pelmeni", die typisch russischen Suppen, bis zu Fisch- und Fleischgerichten. Der Gaumen muß sich etwas an die russische Küche gewöhnen. An den Tischen findet man immer Platz, denn viele Reisende essen lieber in ihren Abteilen und kaufen sich ihre Speisen an den improvisierten Marktständen auf den Bahnsteigen der Stationen.

51

52

53

54

56

57

59

60

МЕНЮ
MENU

62

63

1-Ш-1540

61

Jura Hobukow, ein 33jähriger Ingenieur, ist unterwegs nach Komsomolsk-na-Amure. Seit drei Jahren arbeitet er auf den Baustellen der BAM, der neuen transsibirischen Eisenbahn, die 500 km nördlich der alten Linie erbaut wird. Diese jungen Leute melden sich freiwillig für diese Arbeiten, weil sie hier viel mehr verdienen als im europäischen Teil der Sowjetunion. Die Löhne hängen vor allem von der Arbeitsregion ab: je weiter im Norden, desto besser der Verdienst. In Jakutien zum Beispiel sind die Löhne 40 bis 100 Prozent höher als im europäischen Teil. Natürlich hängt die Entlöhnung auch von der Art der Arbeit ab. Die sibirischen Arbeiter profitieren auch im Urlaub: sie haben länger Ferien, weniger Ausgaben und weniger Möglichkeiten, ins Ausland zu reisen. Man hat jedoch festgestellt, daß die meisten jungen Leute, die um höherer Löhne willen nach Sibirien gegangen sind, wieder in die europäischen Zonen zurückgegangen sind, sobald sie über gewisse Ersparnisse verfügten. Die wichtigsten Gründe für diese Rückkehr sind der Mangel an städtischen Infrastrukturen, die nicht besonders bequemen Unterkünfte und die Knappheit an Handelsgütern, besonders an Nahrungsmitteln. All dies steht mit dem erhöhten Erschließungsrhythmus der östlichen Territorien im Zusammenhang. Die jungen Leute, die in Scharen nach Sibirien strömen und auf ein abenteuerliches Leben hoffen, sind nur sehr selten Spezialisten; in Sibirien braucht man aber Techniker, die auf ihren Posten ausharren.

62

Der Speisewagen wird auf einer so langen Reise zu einem Ort der Begegnung. Der Kontakt mit den Leuten ist einfach und herzlich. Auch der Ausländer wird freundlich aufgenommen und als unantastbarer Gast betrachtet. Schwierigkeiten bereiten einem nur die häufigen Trinksprüche, die mit 95grädigem Alkohol, mit Wodka, Bier oder Schnaps ausgebracht werden.

63

Propagandamaterial, das an Ausländer verteilt wird. Draußen auf dem Bahnsteig verkauft eine Bäuerin Zwiebeln und Kohl; mit dem Erlös wird sie im Speisewagen einige Waren aus der Hauptstadt kaufen können.

64

Ein Eisenbahner wartet auf die Ankunft des Zuges. Er wird mit seinem langstieligen Hammer in aller Eile die Räder und Drehgestelle kontrollieren, damit defekte Teile ausgetauscht werden können.

65
Viele Dörfer sehen immer noch gleich aus wie zur Pionierzeit dieses Landes, und dies trotz der intensiven Industrialisierung in weiten Gebieten Sibiriens.

66
Die Strahlen der untergehenden Sonne rufen auf Eis und Schnee phantastische Farben hervor. In Sibirien gibt es pro Jahr mehr schöne Tage als in Nizza an der Côte d'Azur.

67
Unter der sibirischen Ebene dehnt sich ein Meer von 100°C heißem Wasser aus, das schon zum Heizen von Häusern verwendet wird. Es existieren Pläne zum Bau von riesigen beheizten Gewächshäusern, in denen landwirtschaftliche Produkte erzeugt werden sollen.

68
Eine Datscha, ein Sommerhaus. Der Wunschtraum jedes Stadtbewohners ist eine Datscha außerhalb der Stadt, auf einem der kleinen Grundstücke, die der Staat verpachtet. Planung und Bau obliegen einzig und allein dem Besitzer, der seine Datscha nach seinem eigenen Geschmack und Können einrichtet. Es gibt auch die Möglichkeit, eine staatliche Datscha im Betrag von 600 bis 850 Rubel auf Raten zu erwerben. Das Gelände um diese Sommerwohnungen wird liebevoll gepflegt; es dient zum Anbauen von Obst und Gemüse.

69
Sibirien erinnert oft an die Eroberung des Wilden Westens im vergangenen Jahrhundert.

70
Die auf dem Land so zahlreichen alten Holzhäuser verfügen nicht über fließendes Wasser. Deshalb gibt es in jedem Dorf Brunnen, deren Wasser auf einer Temperatur von knapp über 0°C gehalten wird.

71
Nach altem sibirischem Glauben muß man die Extremitäten warm halten, wenn man der winterlichen Kälte trotzen will. Sehr beliebt sind die „walenki", innen mit gepreßtem Filz gefütterte Stiefel, die die Kälte überraschend gut abhalten. Die mit Schnee bedeckten Stiefel dürfen nicht naß werden; deshalb werden sie in der ungeheizten Diele des Hauses ausgezogen. Nasser Filz würde seine thermischen Eigenschaften verlieren und brüchig werden.

72
Eine alte Bäuerin von imposanter Statur; sie hat sich in den typischen Schal gehüllt.

73
In Sibirien sieht man es nicht ungern, wenn die Häuser von Schnee und Eis zugedeckt werden; dies vermindert den Wärmeverlust.

74
Kleider an einer Wäscheleine bei –50°C. In Sibirien wird die Wäsche bei jedem Wetter im Freien zum Trocknen aufgehängt.

75
In einer Isba. Im Hintergrund der typische Ofen, der auch heute noch aus keinem Haus wegzudenken ist. Er dient auf rationellste Weise zum Kochen, Heizen und Aufbereiten von heißem Wasser. Der obere Teil des Ofens, der aus einem mit tonartigem Material verkleideten Holzgerüst besteht, bildet den „polati", eine Art Plattform, die über eine Leiter zu erreichen ist. Dort oben schlafen die Hausbewohner in den kältesten Winternächten. Dort oben kann man aber auch kochen, Brot backen, Weizen, andere Getreidesorten und Kleider trocknen. Der obere Teil sorgt auch dafür, daß das Haus durchlüftet und trocken gehalten wird. Der untere Teil des Ofens bietet einen großzügigen Abstellraum. Im Innern des Ofens, in einer Art Schwitzkammer, waschen sich die Hausbewohner und nehmen ihre Dampfbäder, die heute noch als Hausmittel gegen alle möglichen Krankheiten betrachtet werden, auch wenn der Luftmangel im Innern oft einige Mühe bereitet. Ein traditionelles russisches Bad verläuft auf folgende Weise: zuerst wirft man eine Handvoll Mehl in den heiß strahlenden Ofen; wenn das Mehl nicht in Brand gerät, ist die Temperatur eben richtig. Dann betritt man die Schwitzkammer, spritzt Wasser an die glühendheißen Wände und erzeugt so dichte Dampfwolken. Unmittelbar danach nimmt man eine eiskalte Dusche oder legt sich in den Schnee. Mit diesem Ofen sind auch alte Hochzeits- und Versöhnungsriten verbunden.

76
Fenster einer Isba, hübsch geschmückt mit Spitzenvorhängen und Pflanzen. In Sibirien erfreuen sich Blumen einer außerordentlich großen Beliebtheit. Vor allen Fenstern stehen Blumen, egal ob es sich um Wohnhäuser, Bürogebäude oder Fabriken handelt. Im kurzen, aber sehr heißen Sommer verwandeln sich die Städte und Dörfer in wahre Blumenmeere. In erster Linie die Gemeindebehörden kaufen riesige Mengen von Samen und Knollen ein, um jedes verfügbare Fleckchen Erde damit zu bepflanzen.

77
Gegen Ende des Sommers überragen die hinter den Häusern aufgetürmten Holzstapel oft die Behausungen selbst. Die Vorräte schwinden jedoch rasch, wenn im Winter die hungrigen Öfen gefüttert werden müssen.

78
Trotz der Doppelfenster vermag die klirrende Kälte den an den Scheiben vorbeiziehenden Dampf in oft mehrere Zentimeter dicke Eisschichten zu verwandeln.

79
Phantastische Eisvorhänge, entstanden aus dem Dampf, der aus einem Fenster der Isba entweicht.

80
An einem schadhaften Wasserturm zur Versorgung von Dampflokomotiven ist ein wahrer Eisfall entstanden.

81
Der Bahnhof von Irkutsk. Der „Rossija“ der Transsib legt die rund 2000 km lange Strecke von Nowosibirsk nach Irkutsk mit einer Durchschnittsgeschwindigkeit von 60 km/h in 34 Stunden zurück. Unterwegs hält er ungefähr alle zwei Stunden, insgesamt achtzehnmal an; der Aufenthalt dauert jeweils zwei bis höchstens sechzehn Minuten. Irkutsk verfügt über einen großen Rangierbahnhof. Von hier gehen die Züge in die Mongolei und nach China ab.

82
Im Bahnhof von Irkutsk. Die „Matrioschka“ schlägt mit einer Axt den Eisklumpen ab, der sich beim Ablauf des Wagens auf der Höhe der Toilette gebildet hat.

83
Die Toiletten, es sind jeweils zwei pro Waggon, befinden sich an den beiden Wagenenden. Es gehört zu den Aufgaben des Zugpersonals, diese bei Aufenthalten an den Stationen zu schließen.

84
Die niedrige Temperatur läßt auch die Abwässer sofort zu Eis erstarren; ein ziemlich unangenehmer Anblick.

85
Im Bahnhof von Irkutsk. Mit heißem Wasser werden die Eisklumpen an den Abflüssen abgetaut.

86
Frauen und Männer beladen im Bahnhof von Irkutsk einen Eisenbahnwagen.

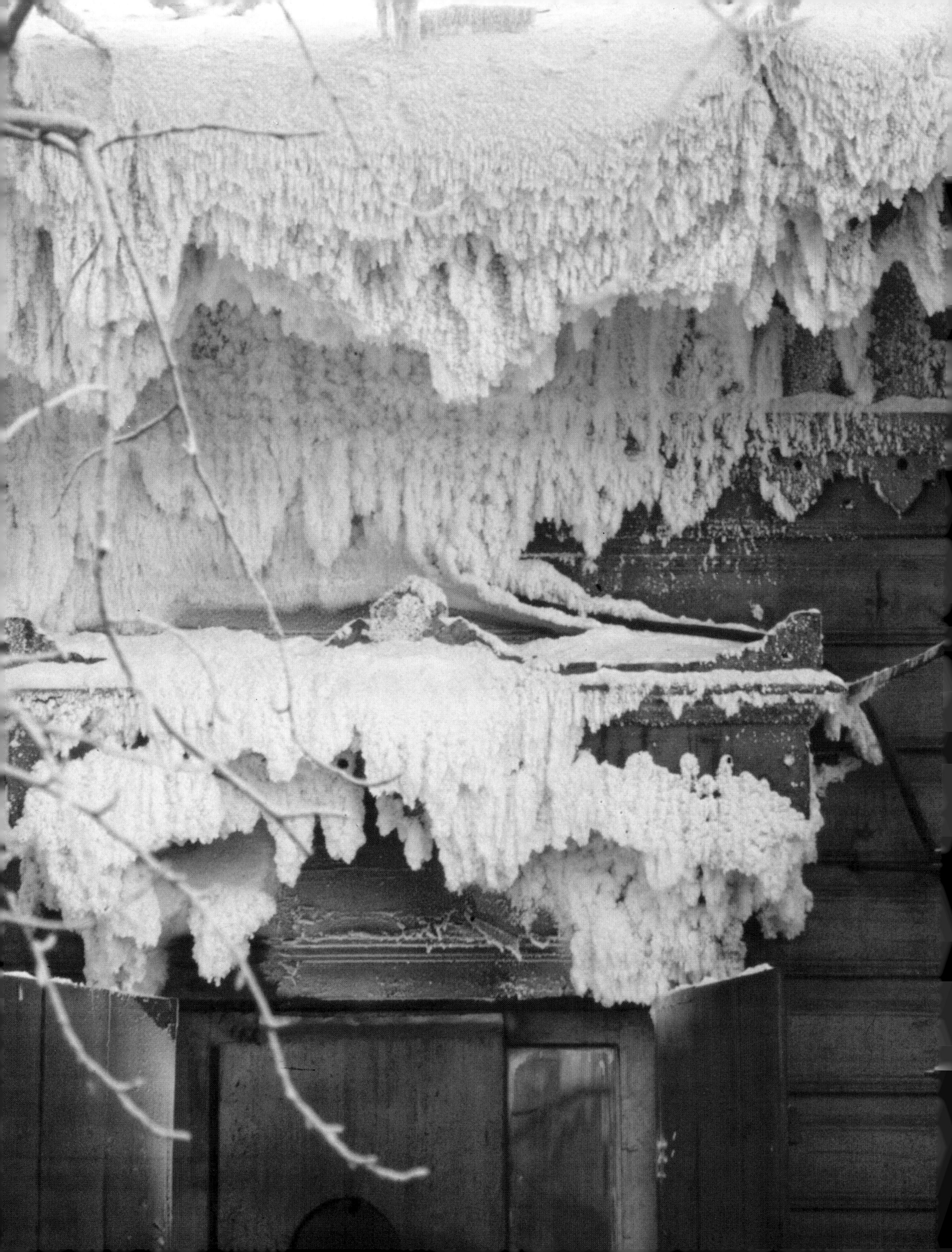

83

84

МЕСТ-38
ТАРА 56т

259 3404

ИРКУТСК

КАЖДЫЙ ДЕНЬ ПЯТИЛЕТКИ – УДАРНЫЙ!
ВС-134

СТБ-44
СТБ-37
СТБ-32
ВС-116
СУРГУТ

89

90

91

93

94

96

97

98

87
Irkutsk. Das Bahnhofgebäude. Die Stadt hat sich langsam um eine von russischen Kosaken im Jahr 1661 errichtete Festung entwickelt. Schon 1686 wurde Irkutsk zur Stadt; in ihrem Wappen führt sie einen Tiger, das Symbol der Macht, mit einem Zobel – Symbol des Reichtums – im Maul.
Die ganz aus Holz erbaute Stadt wurde mehrmals durch katastrophale Brände vollkommen zerstört. Die Eröffnung der Transsibirischen Eisenbahn und die guten Verbindungen mit China begünstigten in der Folge eine rasche industrielle und bevölkerungsmäßige Entwicklung (zur Zeit 500.000 Einwohner); heute ist Irkutsk das bedeutendste Wirtschafts- und Kulturzentrum von Ostsibirien. Neben der Holz-, Mühlen- und Pelzindustrie kommt auch der Nahrungsmittel-, Elektrizitäts- und Maschinenproduktion große Bedeutung zu. Eine Fabrik stellt sogar Bagger zum Waschen von Flußgold her. In der ganzen Region gibt es viele Kohlen-, Glimmer-, Eisen-, Gold- und Diamantbergwerke. Irkutsk ist Sitz einer Universität und der ostsibirischen Zweigstelle der Akademie der Wissenschaften der UdSSR. Hier studiert man insbesondere das seismisch interessante Gebiet um den Baikalsee, das auch heute noch häufig von heftigen Erdbeben erschüttert wird. Die Forschungsinstitute befassen sich aber auch mit der Lösung von Problemen, welche der Bau der neuen Eisenbahnlinie aufgibt, die nördlich des Baikalsees in der Stadt Ust-Kut beginnt.

88
Die Angara-Schiffsflotte wird im Hafen von Irkutsk von Eismassen blockiert.

89–92
Irkutsk. „Seit längerer Zeit stehe ich hier und beobachte; ich spüre nicht einmal den böigen, eiskalten Wind. Heute ist Sonntag. Viele Kinder spielen hier auf der Angara, die seit vier oder fünf Monaten zugefroren ist und es auch bis im April bleiben wird. Fröstelnd und in schwere Mäntel gehüllt schauen die Eltern vom Flußufer aus zu und genießen die fahle Februarsonne. Die älteren Kinder vergnügen sich damit, über blanke Eispartien zu rutschen. Eine alte Frau zieht einen Sesselschlitten mit einem nur wenige Monate alten Kleinkind. Nur ein paar Schritte von mir entfernt schaufelt ein anderes Kind eifrig Schnee in einen kleinen Kessel, um ihn ein paar Zentimeter daneben wieder auszuleeren. Unermüdlich wiederholt es diesen Vorgang. Zwei Zwillingspärchen spielen miteinander; abwechslungsweise lassen sie ihren Schlitten über einen kleinen Hang am Flußufer hinunterschlingern. Eines der Kinder hat gesehen, wie sein Brüderchen umgefallen ist; sofort eilt es herbei, um ihm beim Aufstehen behilflich zu sein und ihm den Schnee von den Kleidern zu klopfen, so gut es eben geht. Ein anscheinend herrenloser Schlitten zieht begehrliche Blicke auf sich; aber niemand wird ihn anrühren."

(Aus dem Tagebuch von Enzo Pifferi)

93
Das Haus der Pioniere in Irkutsk. Es ist Kindern und Jugendlichen im Alter von 6 bis 17 Jahren vorbehalten. Dort können sie nach Herzenslust spielen und ihren Interessen nachgehen. Die einen lesen, die andern basteln Flugzeugmodelle; kurz, jedermann betätigt sich in irgendeiner Form manuell, geistig oder sportlich. Es werden Theateraufführungen, Kinodarbietungen und Konzerte organisiert, aber auch Ausflüge, Feste, Wettkämpfe und Ausstellungen.

94
Irkutsk. Kinder lieben es, bei jedem Wetter im Freien zu spielen. In jedem Quartier der Stadt gibt es Kinderspielplätze.

95
Irkutsk. Studenten stehen Wache beim ewigen Feuer, das vor dem Gefallenendenkmal brennt. Alle 15 Minuten findet eine Ablösung statt. Nur sorgfältig ausgewählte Jugendliche, die unter den Schülern und Studenten der höheren Lehrinstitute ausgewählt werden, dürfen diese ehrenvolle Aufgabe übernehmen, die zur Ausbildung im patriotischen Unterricht gehört. Trotz des militärischen Aussehens und der Gleichheit der Uniformen betonen die Mädchen ihre Weiblichkeit, indem sie am Rand der Bärenfellmütze zwei weiße Schleifen anbringen.

96
Irkutsk. Die Ablösung überquert den großen Platz der Vier Kirchen; sie wird die Wachhabenden beim ewigen Feuer vor dem Denkmal der Gefallenen ablösen. Gleichschritt, Einsatzbereitschaft und Eifer, mit denen diese Zeremonie abläuft, erinnern an die berühmte Wachablösung vor dem Lenin-Mausoleum auf dem Roten Platz in Moskau. Im Hintergrund steht die einzige katholische Kirche Sibiriens, die von den im Exil lebenden Polen erbaut wurde. In dieser Kirche finden zur Zeit allerdings keine Gottesdienste, sondern nur noch Konzerte und Ausstellungen statt.

97
Irkutsk. Die Epiphanien-Kirche ist auf den Ruinen der Festung aus dem Jahr 1661 erbaut worden, um die dann die Stadt Irkutsk entstanden ist. Sie steht am größten Platz der Stadt, am Platz der Vier Kirchen. Sie wird gegenwärtig restauriert und wird anschließend, wie die meisten andern russischen Kirchen, auch als Museum dienen. Nach der Revolution von 1917 wurde die orthodoxe Kirche vom Staat getrennt; dadurch verlor sie ihre Vorrangstellung, die sie gegenüber den andern Religionen besessen hatte. Damit waren die Kirchen einander gleichgestellt und die Bürger sind (theoretisch) frei in der Wahl, welcher sie angehören wollen. Trotz der heftigen antireligiösen Propaganda gibt es nicht wenig junge Leute, die den Gottesdienst besuchen.

98
Irkutsk. Detail vom russisch-orthodoxen Snamenski-Kloster.

99
Irkutsk. Das russisch-orthodoxe Snamenski-Kloster am Ufer des Flusses Irkut. Dieser Nebenfluß der Angara hat der Stadt ihren Namen gegeben.

100
Irkutsk. Das Innere der russisch-orthodoxen Kreuzerhöhungs-Kirche, die 1758 erbaut worden ist. Es ist die einzige Kirche der Stadt, die noch religiösen Zwecken dient. Da die Kongregationen vom Staat kein Geld erhalten, werden sie aufopfernd von alten Gläubigen getragen und unterstützt.

101
In einer Straße von Irkutsk. Einige Passanten drängen sich in Einerkolonne dicht an den Häusern entlang, um nicht von den Eisschollen getroffen zu werden, die in der Tauzeit von den Dächern heruntergleiten. Im Hintergrund der Glockenturm der Kreuzerhöhungs-Kirche.

102
Irkutsk. Es ist Sonntag, die Gläubigen verlassen die Kreuzerhöhungs-Kirche. Rußland galt bis zu Beginn unseres Jahrhunderts als eines der religiösesten Länder der Welt; man gab ihm sogar den Beinamen „heiliges“ Rußland. Es war ein Land mit prächtigen Klöstern und Tausenden von Kirchen. Die Verehrung von Ikonen war sehr weit verbreitet, und die Religion kam in allen Manifestationen des staatlichen Lebens zum Ausdruck. Der religiöse Fanatismus hat sich dann in unserem Zeitalter in eine verbreitete antireligiöse Bewegung verkehrt. Dennoch sind die wenigen Kirchen, in denen noch Gottesdienste stattfinden, immer sehr gut besucht, und zwar nicht nur von alten, sondern auch von jungen Gläubigen.

103
Eingang eines alten Holzhauses im historischen Kern von Irkutsk.

104
Irkutsk. Die vom Haus ausgehende Wärme taut den Erdboden auf, was zu Absenkungen führt. Die Holzhäuser sind nachgiebiger als die gemauerten und passen sich diesen Bewegungen an. Einzig die Fassaden erleiden größeren Schaden und geraten etwas aus dem Gleichgewicht.

105–109
Irkutsk. Außerordentlich sorgfältig konstruierte Holzhäuser mit einzigartigen und farbenfrohen Fensterverzierungen. Die russischen Isben, blockhüttenartige Gebäude, sind beredte Zeugen der Phantasie und Feinfühligkeit des Volkes. Während man beim Bau der Isba den alten Traditionen treu blieb, wurden die Schnitzereien der Fenster- und Gesimsverzierungen nach dem persönlichen Geschmack des Besitzers gestaltet. Geometrische Dekorationen und Blumenmuster zierten Giebel, Tür- und Fensterrahmen, Balkone und Veranden. Als ob man die bedrückende Eintönigkeit der langen sibirischen Winter vertreiben wollte, wählte man leuchtende und lebendige Farben. In Sibirien waren Dekormalereien im Innern der Häuser eher selten; dafür waren sie in der Ukraine sehr weit verbreitet und entsprachen uralten, meist mit dem Volksglauben verbundenen Traditionen.

110
Der Frost stellt nicht nur für Mensch und Tier, sondern auch für Gebäude eine große Gefahr dar. Lange Eiszapfen wachsen von den Dächern herab und bedekken Fassaden und Fenster. Der Putz löst sich dann wie alte Tapeten von den Mauern ab.

111
Irkutsk. Die Wärmezentrale, von der aus die Wohnhäuser beheizt werden. Während in den alten Isben noch die Tonöfen für Wärme sorgen, sind die modernen Wohnsiedlungen an der Peripherie der Stadt mit Zentralheizungen ausgerüstet. Bezirks-Zentralen liefern vom Herbst bis in den Frühling hinein preiswert heißes Wasser. In einigen besonders feuchten Gebieten funktioniert die Heizung auch im Sommer; dadurch soll verhindert werden, daß Metalle rosten und andere Materialien verfaulen. Das heiße Wasser wird durch große, gut isolierte Rohrleitungen in die einzelnen Häuser verteilt. Diese Leitungen verlaufen einige Meter unter der Erdoberfläche und kommen nur dann ans Tageslicht, wenn sie Flüsse oder andere Geländehindernisse überqueren müssen. Im Winter beträgt die Innentemperatur in den Häusern konstant +28°C.

112
Irkutsk. Netztaschen mit Lebensmitteln werden vor die Fenster gehängt. Dieser Tradition bleiben auch jene Russen treu, die das Glück haben, einen Kühlschrank zu besitzen.
Die alten Isben verfügen über Keller, die drei Meter tief in den ganzjährig gefrorenen Erdboden eingelassen sind. Sie dienen auch in den Sommermonaten als Kühlräume. In ihnen lagern die Frauen ihre Vorräte, unter anderem Knödel, Suppen und Schmorbraten.

110

100

101

103

104

106

107

108

109

111

112

113

114

73-98 ИРС

118

113
Ein Lastwagen führt vorfabrizierte Bauelemente in ein neues Quartier, das an der Peripherie von Irkutsk entsteht. Mit dem Problem des Arbeitermangels befassen sich Wissenschafter und Psychologen. Schöne Wohnungen, Sportanlagen, Kulturzentren und Geschäfte mit großer Auswahl vermögen nach wie vor am ehesten, junge Menschen in die Städte Sibiriens zu locken. Um den Bauprozeß zu beschleunigen, dem Mangel an Baumaterialien zu begegnen und sehr weite Transportstrecken zu vermeiden, hat man ein System mit vorfabrizierten Bauelementen entwickelt. Auf diese Weise wachsen die Häuser rasch in die Höhe; da aber die Fabriken, welche die Bauelemente herstellen, nur zwei oder drei Haustypen anbieten, mangelt es den meisten sibirischen Städten an Individualität.

114
Irkutsk. Zementpfähle, auf denen am Stadtrand von Irkutsk ein neues Viertel errichtet wird. In Sibirien pflegt man die Häuser durch einen meterhohen Zwischenraum vom Erdboden zu isolieren. Die Gebäude stehen auf besonderen Plattformen, die ihrerseits auf Eisenbetonpfeilern ruhen. Auf diese Weise sucht man zu verhindern, daß die vom Haus ausstrahlende Wärme den darunterliegenden Erdboden auftaut, was zu Erdbewegungen mit unabsehbaren Folgen führen könnte. Überdies schützt der Schatten des Hauses im Sommer die Erdoberfläche vor der Sonneneinstrahlung. Die Kälte bekämpft man nicht, indem man sie zu vertreiben sucht, sondern indem man sie bewahrt. Zu diesem Schluß sind nicht nur die russischen, sondern auch die amerikanischen und kanadischen Wissenschafter gekommen, die alle gleichermaßen an den Problemen des Dauerfrostbodens interessiert sind. Die wichtigste Aufgabe neuer technischer Errungenschaften ist es, den Beginn des Schmelzvorganges zu verhüten, der die Natur aus ihrem Gleichgewicht bringen würde. Würde eine Wärmequelle den Erdboden aufheizen, dann lösten sich die 350 kg Eis pro Kubikmeter Erde allmählich in Wasser auf; dadurch verlöre der Erdboden seine Stabilität und die ganze Gegend würde in eine See- oder Sumpflandschaft verwandelt.

115
Irkutsk. In gewissen Regionen ist die Erde das ganze Jahr hindurch gefroren. Dort bringt man das Eis mit Dampf zum Schmelzen und treibt dann die Zementsäulen mit Pfählmaschinen bis zu zehn Meter tief in den Boden hinein.

116
Irkutsk. Der Schnee aus den Straßen der Stadt wird zum Fluß Angara transportiert. Die Angara bleibt in diesem Abschnitt eisfrei, selbst wenn die Temperatur auf –40°C fällt. Die Ursache für dieses Phänomen ist die Strömung, die von den Turbinen des städtischen Wasserkraftwerks erzeugt wird.

117
Ein im Eis blockiertes Schiff auf der Angara zwischen Irkutsk und dem Baikalsee. Oberhalb des Dammes ist der Fluß an der Oberfläche und auf dem Grund gefroren. Durch den dazwischenliegenden Hohlraum fließt das Wasser, welches die Turbinen des Wasserkraftwerkes speist.

118
„Eisautobahn“, so nennen die Lastwagenfahrer die über die zugefrorenen Flüsse führenden Pisten. Zwei Lastwagen befahren einen Fluß, dessen Wasser durch die klirrende Kälte in eine glänzende, spiegelglatte Eisfläche verwandelt worden ist. Sie begegnen sich auf jenem Ufer, das ein Schild als sicher bezeichnet. Auf diesen Flüssen besteht natürlich immer die Gefahr eines Eisbruches. An untiefen Stellen gefriert der Fluß bis auf den Grund hinunter und staut so das fließende Wasser. Dieses kann einen so starken Druck ausüben, daß die Eisoberfläche gesprengt wird. Aber auch die Reifen werden zu einem Problem, wenn man über Eis fahren muß: bei –60°C zersplittern sie oft, als ob sie aus Glas wären.

119
Die Lastwagenfahrer sind ein außergewöhnlicher Menschenschlag; sie kennen weder Hindernisse noch Schwierigkeiten. Jeder ist für sein eigenes Fahrzeug verantwortlich, auch was die mechanische Seite anbetrifft. Nicht selten sieht man einen Lastwagenfahrer, der sich unter die Motorhaube beugt, um irgendeinen Schaden zu beheben, oder der unter seinem Gefährt liegt und ein Feuer entfacht, um den Vergaser aufzutauen. Wenn sie mit ihren Ladungen in die nördlicheren Gebiete fahren und manchmal über zehn Tage lang durch die Taiga und durch unbewohnte Berggegenden unterwegs sind, schließen sie sich zu langen Konvois zusammen, die von Tankwagen begleitet werden. Der Lastwagenfahrer in Sibirien ist noch ein echter Pionier: er weiß zwar, wann er aufbricht, aber er weiß nicht, wann er ankommen wird. Er verdient rund zehnmal mehr als sein Berufskollege in Moskau. In einer sibirischen Stadt gibt es sogar ein Denkmal, das den Lastwagenfahrern gewidmet ist.

120
Die Straßen Sibiriens sind im Winter besser befahrbar, wenn das Eis für eine feste Oberfläche sorgt. Der Beginn der Tauzeit bringt riesige Probleme mit sich; dann verwandeln sich die nicht asphaltierten Straßen in endlose Schlammpisten.

121–122
Bauern kehren in einen landwirtschaftlichen Großbetrieb zurück. Im Süden Sibiriens wird das Pferd noch sehr oft vor Fuhrwerke und Schlitten gespannt. Die Lebenszentren der ländlichen Regionen sind heute die Kolchosen, landwirtschaftliche Kollektivbetriebe, in denen die Bauern zusammengeschlossen sind.

123
Die Straße, die rund 70 km weit von Irkutsk zum Baikalsee führt, ist gut asphaltiert und wird das ganze Jahr hindurch schneefrei gehalten, um schweren Fahrzeugen den Verkehr zu erleichtern. Mit ihrem ständigen bergauf und bergab ist sie ein herrliches Beispiel für das, was wir uns unter einer „russischen Gebirgsstraße“ vorstellen. Rund um den Baikalsee dehnt sich die Taiga aus, so weit das Auge reicht; ihre Vegetation besteht hauptsächlich aus Angara-Kiefern, Birken und wertvollen sibirischen Kiefern, deren Holz schon die Venetianer zum Pfählen einiger Palazzi in der Lagunenstadt verwendet hatten. Von Jahr zu Jahr werden mehr Bäume gefällt, denn dies bringt nicht nur Gewinn, sondern entspricht auch den Geboten der Vernunft. Auf diese Art wird verhindert, daß zu alte Bäume verfaulen und rund um den See eine Sumpfzone bilden, die das Seewasser verschmutzen würde. Überdies trügt der Schein: die eindrucksvollen Bäume der Taiga sind keineswegs so standfest, wie sie aussehen; ihre Wurzeln können nämlich nicht sehr tief in das gefrorene Erdreich eindringen. Wenn die ausgiebigen herbstlichen Schneefälle einsetzen, bevor die Bäume ihr Laub verloren haben, lastet das ganze Gewicht des Schnees auf ihnen, und manch eine Baumkrone wird so schwer, daß der Stamm unter der Last zerbricht.

124
Lichtung in der weiten Taiga rund um den Baikalsee. Die endlosen Wälder haben zum Aufbau einer großen Zellulose-Industrie geführt. Als die Pläne für dieses Vorhaben bekannt wurden, lehnte sich die Öffentlichkeit dagegen auf.
Die Einwohner der Städte und Dörfer am See, aber auch die Forscher des Limnologischen Institutes von Listwjanka, die schon seit Jahren den Baikalsee untersuchten, gaben ihrer Besorgnis Ausdruck, die giftigen Abwässer der Zellulosefabriken stellten für den See eine ernsthafte Bedrohung dar. Aus diesem Grund wurde eine Kläranlage gebaut, die heute sogar mehr Raum einnimmt als die Zellulose-Produktionsanlagen. Die Abwässer werden zuerst biologisch und chemisch gereinigt, dann gefiltert und durch künstliche, mit Sauerstoff angereicherte Becken geleitet. Wenn das Wasser dann schließlich den See erreicht, ist es praktisch hundertprozentig sauber. Zum Beweis dafür wird den Besuchern normalerweise ein Glas davon als Kostprobe angeboten.

125
Baikalsee. Das im Februar einsetzende Tauwetter hat oft verheerende Folgen. An gewissen Stellen, wo das Wasser nicht in die eisbedeckte Erde versickern kann, bildet sich eine glasige Eisschicht von grünlicher Farbe, die unerbittlich immer weiter vorrückt. Wenn man nicht sofort mit Hilfe von Drainagen oder Erwärmung etwas dagegen unternimmt, dringt die Eismasse wie ein Glasstrom in die Häuser ein, bedeckt Straßen und Brücken und erreicht oft sogar die Stadtzentren.

126
Baikalsee. Im Dorf Listwjanka. Die Tauzeit bringt nicht wenige Unannehmlichkeiten mit sich. Der Boden senkt sich, aber die bemerkenswert nachgiebigen Isben aus Holz passen sich dieser Bewegung an, ohne einzustürzen.

127
Kaum dem „Rossija" der Transsib entstiegen, macht sich Julia Terenkowa auf den Weg ins nahe Dorf am Baikalsee.

128
Baikalsee. Im Dorf Sljudjanka. Wäsche hängt zum Trocknen hinter einer Isba.

129
Baikalsee. Ein charakteristischer Holzbrunnen im Dorf Listwjanka.

130
Baikalsee. Hinter dem Lattenzaun erkennt man deutlich die typischen Isben aus Baumstämmen, welche die Pioniere der Transsibirischen Eisenbahn zu Beginn dieses Jahrhunderts am Ufer des Baikalsees errichtet haben. In diesem Gebiet werden Pelztiere gezüchtet.

131
Baikalsee. Eine Straße im Dorf Listwjanka. Es gibt hier nur wenige Straßen: es ist schon schwierig, sie anzulegen, aber beinahe unmöglich, sie in befahrbarem Zustand zu erhalten.

132
Baikalsee. Im Dorf Tanchoi. Jede Isba ist von einem hohen Zaun umgeben, der die Wölfe fernhält. Ein Hund hält zusätzlich Wache. Im tiefen Winter kann es schon vorkommen, daß die Wölfe, die in großer Zahl in der dichten Taiga um den Baikalsee leben, auf der Suche nach Nahrung bis in die Dörfer vordringen. Der Wolf ist das einzige Tier, das frei gejagt wird. Oft werden Treibjagden organisiert, und auf jeden toten Wolf wird eine Prämie ausgesetzt.

133
Silberfüchse im Pelzlager von Irkutsk. Konstantin Alexejewitsch Stepan ist seit 40 Jahren im Pelzgeschäft tätig. Er ist Leiter der Speziallager; in ganz Sibirien weiß man um seine Fähigkeit und Kompetenz, mit der er ein Fell zu taxieren weiß. In einer speziellen Fachschule bringt er seinen Schülern bei, wie man die Pelze aufgrund ihrer Qualität klassifiziert. Die Felle aller Tiere, die in der Region gezüchtet oder gefangen werden, kommen ins Lager von Irkutsk. Da gibt es Nerze, Füchse, Hermeline, Zobel, Wölfe und Bisamratten. Nach der Qualifikation werden die Felle zu den internationalen Auktionen nach Leningrad gesandt.

134
Baikalsee. Der Schlitten ist hier noch ein wichtiges Transportmittel. Die Zivilisierung der Taiga und der Tundra hat, ebenso wie die Besiedlung der See- und Flußufer Sibiriens, immer das Ziel gehabt, das Gleichgewicht der Natur zu wahren. Alles, was die Natur hier in so reichem Maße anbietet, darf nur nach genauen Plänen genutzt und nicht bis zum letzten ausgebeutet werden. Ein großes Gebiet wurde zum „Baikal-Nationalpark" erklärt. Hier stehen zahlreiche Tierarten unter Schutz, die durch rücksichtslose Verfolgung in den vergangenen Jahrhunderten beinahe ausgerottet worden sind. Zu diesen zählen auch einige Pelztiere, zum Beispiel das Hermelin, der Zobel, der Biber und der Fischotter.

135
Baikalsee. Ein Jäger umarmt seinen Hund, seinen treuen Helfer und Gefährten.

136
Baikalsee. Im Oktober legt sich ein dichtes Nebelmeer über den See, dessen Wasser wärmer als die Luft ist. Im November fegt ein kräftiger Wind die Luft rein, zerstört die junge, noch dünne Eisschicht und häuft die Platten wie zerbrochene Glasscheiben am Ufer zu hohen Bergen auf. Im Laufe des Winters bildet sich auf dem See eine starke, mehrere Meter dicke Eisdecke. In der Freizeit üben die Kinder ihre Schlittschuhkünste auf diesem riesigen Natureisfeld. Ein Spaziergang wird hier zu einem unvergeßlichen Erlebnis. Wenn die Sonne auf das Eis hinunterstrahlt, hat man den Eindruck, sich über ein gewaltiges Aquarium zu bewegen: unter den Füßen flitzen die Fische hin und her. Das Wasser ist so klar, daß man Gegenstände bis zu einer Tiefe von 40 Metern noch deutlich erkennen kann. Die Sauerstoffsättigung ist fast in allen Tiefen gleich, während sie normalerweise mit zunehmender Tiefe spürbar abnimmt und in ungefähr 900 m Tiefe nur noch 5 Prozent beträgt. Diesem Umstand ist es zu verdanken, daß es im Baikalsee nicht nur bis zu einer Tiefe von 400 m, sondern bis zu 1600 m tierisches und pflanzliches Leben gibt. Flora und Fauna sind außergewöhnlich artenreich, ja es gibt sogar Arten, die man nirgendwo sonst findet. Neben dem berühmten Stör, Mollusken, Krustazeen und Krebsen gibt es im Baikalsee den berühmten „Omul", der sich von Insekten nährt. Am Ufer der ausgeprägten Buchten im mittleren und zugleich tiefsten Teil des Baikalsees tummeln sich zahllose Robben der verschiedensten Arten. Ein Sondergesetz regelt die Fangquoten so, daß die Tiere sich ständig vermehren können. Sowohl der „Omul" als auch die Robben stammen aus den nördlichen Meeren und sind wahrscheinlich vor ungefähr 500.000 Jahren in diese Gegend gekommen, als die Nordmeere weit nach Süden vorgedrungen waren. Aber durch das ständige Absinken der Wasserspiegel in den andern Seen sind Bedingungen geschaffen worden, in denen sie nicht mehr existieren konnten. Nur im Baikalsee haben sie überleben können.

127

128

130

131

133

134

142

143

145

146

148

149

137–138
Zwei Kinder mit asiatisch anmutenden Gesichtszügen im Dorf Baikal. In der UdSSR sind die Kinder die einzigen, die Privilegien besitzen. Man schenkt ihnen ungeteilte Aufmerksamkeit.

139
Hafen am Baikalsee. Die am Ufer verankerten Fischerboote liegen den ganzen langen Winter hindurch im Eis fest. Der Fischfang steht unter der strengen Aufsicht des Institutes für Limnologie in Listwjanka; es hat den „Omul" (Fisch aus der Familie der Lachsartigen) für sieben, den Stör für 20 Jahre unter absoluten Schutz gestellt. In einem kurzen Abschnitt, wo der See sich verengt und die Angara austritt, ist die Strömung so stark, daß die Oberfläche selbst bei tiefsten Temperaturen nicht zufriert. An diesem Ort überwintern Tausende von Wildenten; sie ziehen nicht mehr nach Süden, wie sie es seit Jahrtausenden getan haben, sondern bleiben in ihrem heimatlichen See. In dieser Zone ist die Jagd strengstens untersagt. Das Institut für Limnologie am Baikalsee studiert die physischen, chemischen, meteorologischen und biologischen Verhältnisse dieser Region. Die Wissenschafter haben bis heute noch keine Erklärung dafür gefunden, weshalb das Seewasser so blau ist. In einigen Meeren, wie zum Beispiel im Roten, im Weißen und im Gelben Meer, sind der Sandboden, die Fauna oder die Flora für die entsprechende Färbung verantwortlich. Diese Ursachen sind jedoch im Baikalsee auszuschließen; es kann sich auch nicht um eine Spiegelung des Himmels handeln, denn die blaue Farbe ist auch in einem Eisblock oder in einer Wasserkaraffe deutlich zu erkennen. Einige führen die Färbung auf den hohen Sättigungsgrad von Sauerstoff zurück, andere auf das ehrwürdige Alter des Sees, dessen Wasser älter sind als die Eisberge von Grönland.

140
Der Baikalsee ist vor sehr, sehr langer Zeit entstanden (sein Alter wird auf 20 Millionen Jahre geschätzt); dies ist einmalig in der Geschichte der Seen, die normalerweise viel jünger sind. Deshalb hat er die Bezeichnung „Meer“ erhalten, die in der Sowjetunion sehr häufig vorkommt. Der Baikalsee ist 630 km lang, 1620 m tief und maximal 80 km breit; seine Uferlänge beträgt 2000 Kilometer. Um eine Vorstellung von der ungeheuren Wassermenge dieses Sees zu vermitteln, machen die Reiseführer folgendes Beispiel: wenn die 333 Zuflüsse umgeleitet würden, brauchte die Angara, der einzige Abfluß, bei ihrer jetzigen Wasserführung 400 Jahre bis zur Trockenlegung des Sees. Er enthält ungefähr 20 Prozent des Trinkwasservorrates der Welt, und dieses Wasser ist so sauber und rein, daß es mit destilliertem Wasser verglichen werden kann. Die Region um den Baikalsee ist auch heute noch seismisch sehr aktiv. Die Zweigstelle der Akademie der Wissenschaften der UdSSR in Irkutsk studiert schon seit langem die vulkanische Tätigkeit auf dem Seegrund. Die Erdstöße sind zwar häufig, haben aber in der letzten Zeit keine Rückwirkung auf die Erdkruste gehabt. Die letzte große Katastrophe ereignete sich im Jahr 1861, als ein schweres Erdbeben einen 200 km langen, bewohnten Landstrich zum Absinken brachte und die neue, große Proval-Buch schuf.
Bis zu 2500 m hohe Berge umgeben den See; aus ihnen wehen kräftige Winde über das Land. Der gefürchtetste dieser Winde wird als „Sarma“ bezeichnet. Er ist für die plötzlichen Temperaturstürze verantwortlich. Wenn er im Winter plötzlich einsetzt, zieht sich die Eisdecke auf dem See zusammen, und es entstehen kilometerlange Risse, die vor allem für den Autoverkehr über den zugefrorenen See eine große Gefahr darstellen. Aus diesem Grund werden die sicheren Pisten mit Tannen- und Kiefernästen markiert. Im Sommer vermag dieser schreckliche Wind von der Seeoberfläche wahre Sprühregen aufzuwirbeln; dieses Wasser gefriert dann auf der einen Seite der Fischerboote, die durch diese einseitige Belastung nicht selten zum Kentern gebracht werden.

141
Bei jedem der recht zahlreichen Bahnwärterhäuschen entlang der Transsibirischen Eisenbahn signalisiert eine kräftige Frau mit der gelben Flagge ihre Wachsamkeit. Im Hintergrund der Baikalsee.

142
Die Transsib überquert auf ihrer langen Fahrt zahlreiche Brücken über die ebenso zahlreichen Wasserläufe in ganz Sibirien.

143
Ein ausrangierter Eisenbahnwagen wird für Propagandaparolen der Partei verwendet. Andere alte Waggons werden zu Kantinen oder Kinosälen für die Eisenbahnarbeiter umgebaut.

144

Zahlreich sind die alten Isben, die nur in den Großstädten allmählich den vorfabrizierten Blocksiedlungen weichen müssen. Der Ursprung der Isba geht sehr weit zurück, und man vermutet, daß sie einst das Bauernhaus der in den nördlichen Gebieten ansässigen slawischen Stämme gewesen ist. Mit der Zeit verbreitete sie sich dann in unzähligen Varianten über ganz Sibirien. Die Bezeichnung Isba ist vom russischen Verb „istopiti" (= erwärmen) abgeleitet; sie stand ursprünglich für den von einem großen Tonofen geheizten Raum und wurde dann mit der Zeit auf das ganze Gebäude übertragen. Die traditionelle russische Isba verfügt über zwei Räume: über den „seni" (= Diele) und den eigentlichen „izbó", der durch einen niedrigen Keller oder Abstellraum vom Erdboden getrennt ist. An den Wänden befinden sich Bänke zum Sitzen oder Schlafen, weiter oben sind Regale für die Haushaltgeräte angebracht. Es gab ursprünglich keine Möbel, da Einbauelemente deren Funktion übernahmen. Etwas jüngeren Ursprungs ist das Haus mit drei Zimmern; der dritte Raum befindet sich gegenüber der Diele und dient als Sommerbehausung oder Gastzimmer. Mit der Zeit wurde dann auch dieser dritte Raum geheizt, so daß diese Gebäude nun eigentlich aus zwei um die Diele angeordneten Häusern bestehen. Je nach Klima, örtlichen Traditionen und Lebensstandard der Bewohner gibt es natürlich noch zahlreiche weitere Abarten.

145–149

„Nach dem Mittagessen habe ich den ganzen Zug bis vorn zur Lokomotive erforscht. Der Wagen, in dem ich meinen Platz habe, ist der einzige Erstklasswaggon. Die andern sind Zweit- und Drittklasswagen; nach meiner Schätzung drängen sich in ihnen ungefähr 800 Reisende zusammen. Ich habe mir unter anderem auch vorgenommen, das Leben im Zug zu fotografieren. Dies ist ein ziemlich schwieriges Unterfangen. Ich habe mir die Kamera um den Hals gehängt und mache die Aufnahmen, ohne durch den Sucher zu schauen, mit dem Drahtauslöser, den ich in der Tasche habe. Trotz all dieser Vorkehrungen, um bei meiner Arbeit nicht aufzufallen, merken viele Leute, daß sie fotografiert worden sind. Sie beginnen zu schreien, weiß ich was für Verwünschungen gegen mich auszustoßen und einen großen Aufruhr im Gang zu verursachen.
Einige Jugendliche mit einer Gitarre lachten mir nach der ersten Überraschung zu und dankten mir; andere, in ein Gespräch vertieft, schlugen mir einfach die Tür vor der Nase zu, wieder andere deckten mit der Hand mein Objektiv zu. Aber all dies gehört ja zu meinem Beruf."

(Aus dem Tagebuch von Enzo Pifferi)

148

Der Weg zum Speisewagen, der sich normalerweise in der Mitte des Zuges befindet, ist nicht immer einfach. Die Durchgänge von einem Wagen zum andern sind sehr gefährlich, da einfach alles von einer Eisschicht bedeckt ist.

150

Am Zugende befindet sich ein Wagen mit Mittelgang und Abteilen mit je sechs Couchettes: vier sind quer auf der einen, zwei längs auf der andern Seite des Ganges angeordnet. Es ist ein Drittklasswagen.

151
Eine typisch sibirische Landschaft: ein kleines Dorf mit Isben, aus deren Kaminen Rauch aufsteigt.

152
Winterlandschaft. Der Schlitten ist für die Pelzjäger ein unentbehrliches Transportmittel, und das Pferd, das in vielen westlichen Ländern praktisch nicht mehr als Zugtier gebraucht wird, wird in diesen Zonen noch lange Verwendung finden. Die Jäger sind heute in Kooperativen (Kolchosen) zusammengeschlossen, um die Fauna Sibiriens in vernünftigem Maße ausbeuten zu können. So dürfen einige vom Aussterben bedrohte Pelztierarten wie der Fischotter, der Biber und der Zobel nicht mehr gejagt werden. In den Kolchosen wird die Jagdbeute sortiert und nach ihrer Verarbeitung in die Zentrallager geschickt. Weitverbreitet ist auch die Aufzucht von wertvollen Tieren wie Nerzen und Füchsen; sie werden genau studiert, um Farbe und Qualität der Pelze zu verbessern. 1935 hat die russische Regierung 50 Bisamrattenpaare aus Kanada importiert; diese haben sich so rasch vermehrt, daß sie heute in Sibirien fast so zahlreich sind wie in ihrer ursprünglichen Heimat. Unter der Bezeichnung „sibirische Scharfschützen" zeichneten sich die Pelztierjäger in den vergangenen Kriegen großartig aus; ihre Treffsicherheit ist geradezu sprichwörtlich: so erlegen sie zum Beispiel das Hermelin durch einen Schuß ins Auge, um das kleine, aber sehr wertvolle Fell nicht zu zerstören.

153
Riesige Buchstaben im Schnee, ein ungewohnter Gruß an die Passagiere der Transsib.

154
In allen Bahnhöfen stehen Kisten mit Ersatzteilen bereit, um defekte Bestandteile sofort austauschen zu können.

155
„Entlang der Strecke gibt es noch viele Stationsgebäude aus Holz, wie zum Beispiel dieses hier in Tataurowo; sie erinnern an die Bauzeit der Transsibirischen Eisenbahn.
Der Zug hält an einer kleinen Station. Der Aufenthalt soll nur zwei Minuten dauern. Kein Mensch steigt aus, niemand steigt ein. Nur zwei Männer wuchten einen großen Küchenschrank in den Zug, laden ihn auf der andern Seite aber wieder aus. Sie haben nur eine Abkürzung genommen. Ein anderer Mann nähert sich dem Zug mit einem Schlitten, auf dem er das Federgestell eines Bettes transportiert; aber auch er steigt nicht ein, er wartet vielmehr darauf, daß der Zug weiterfährt und er die Geleise überqueren kann."

(Aus dem Tagebuch von Enzo Pifferi)

156
Im Winter kommt es sehr häufig zu Defekten, denn der Frost verschont auch die Metallteile nicht. Sehr oft sieht man Reparaturwerkstätten für Waggons und Lokomotiven; sie verfügen über Hebekräne, damit Räder oder Achsen ausgewechselt werden können. Die gleichen Arbeiten sind auch bei jenem Zug notwendig, der von Moskau nach Beijing (Peking) fährt. Da die russische Spurweite mit 1524 mm größer ist als die Normalspur der chinesischen und europäischen Eisenbahnen (1435 mm), müssen die Waggons an der russisch-chinesischen Grenze angehoben und die Drehgestelle durch solche mit kleinerer Spurweite ersetzt werden. Dieser Unterschied der Spurweiten kam den Russen in den letzten Kriegen sehr zustatten, verunmöglichte er doch dem Feind, rasch Truppen und Material ins sowjetische Grenzgebiet zu transportieren.

153

154

СЛАВА ТРУ

159

160

162

163

164

157
Diesellokomotiven beim Auftanken.

158
Ein Depot für Diesellokomotiven. Von Moskau bis Irkutsk ist die Linie durchgehend elektrifiziert, von Irkutsk bis Wladiwostok gelangen jedoch Diesel- oder Dampflokomotiven zum Einsatz. Die Elektrifizierung wird vorangetrieben, um die Leistungsfähigkeit der Transsib zu erhöhen. Die russischen Behörden wollen eine schnelle und effiziente Verkehrsverbindung anbieten, die vor allem auch mit den Schiffsverbindungen konkurrieren kann. So ist Sibirien eine Transitstrecke für Güter, die für Europa, für den Orient oder für Australien bestimmt sind. Die Containertechnik überwindet mühelos alle Schwierigkeiten, die das Umladen oder die verschiedenen Spurweiten früher bereitet haben. Mit diesem Eisenbahntransport hat sich die Sowjetunion auch eine gute Einnahmequelle für westliche Währungen gesichert.

159–160
Auf Nebenlinien und einigen Abschnitten der Transsibirischen Eisenbahn stehen auch heute noch Dampflokomotiven im Einsatz. Die großen Kohlevorkommen und natürlich auch der einfache und deshalb wirtschaftliche Abbau bilden ideale Voraussetzungen. Die Lokomotiven sind zwar alt, aber in ausgezeichnetem Zustand; in großen Depots warten sie auf ihren Einsatz.

161, 162, 164
Auf dem Bahnsteig der Stationen bieten Dutzende von Frauen den Reisenden die Produkte ihres Landes an: Kartoffeln, Rüben, gekochten, noch dampfenden Kohl, Gurken, Eier und Schwarzbrot. Oft führen sie ihre Kochvorrichtungen in alten Kinderwagen mit sich. Die Reisenden der Transsib stürzen sich jeweils förmlich auf diese improvisierten Märkte. Diese Privatinitiative wird von der Eisenbahndirektion stillschweigend toleriert. Anderseits stürmen die Dorfbewohner den Speisewagen, wo sie an einem kleinen Kiosk Waren aus dem europäischen Teil Rußlands kaufen können.

163
Zentral- und Ostsibirien ist, im Gegensatz zu den allgemeinen Vorstellungen, eine Höhenlandschaft mit tief eingeschnittenen Tälern und bis zu 2000 m hohen Bergketten. Der Zug fährt nur selten auf Höhen unter 500 m. ü. M. Dabei windet er sich durch eine endlose, ununterbrochene Folge von zum Teil sehr engen Kurven.

165
Im Februar zieht von Osten her das Tauwetter ein. Der an der Oberfläche geschmolzene Schnee gefriert des Nachts wieder und bildet große, glasige Eisflächen. Die schlimmste Jahreszeit in Sibirien ist der Sommer. Die Steppen des Südens leiden unter der Trockenheit, dafür werden die nördlichen Regionen von schweren Überschwemmungen heimgesucht, die alles in eine Sumpflandschaft verwandeln. Der Dauerfrostboden verhindert das Abfließen, so daß das Wasser an der Oberfläche bleibt und jegliche Lebensform verunmöglicht. Die in den Sumpfgebieten sich vermehrenden Insekten stellen eine echte Volksplage dar, und die Menschen atmen erleichtert auf, wenn der Winter wieder Einzug hält.

166
Ostsibirien. Am Rande eines Dorfes liegt ein kleiner Friedhof mit russisch-orthodoxen Kreuzen.

167
Die Stadt Chabarowsk bietet nach ausgiebigen Schneefällen einen traumhaften Anblick. Häuser und Bäume liegen unter einem weichen, silbernen Rauhreifmantel. 1858 entstand ein kleines Dorf, das nach dem berühmten Pionier Chabarow benannt wurde. Es vergrößerte sich rasch und zählte zu Beginn des 20. Jahrhunderts schon über 50.000 Einwohner. 1917 griff die Macht der Sowjetunion auch nach Chabarowsk über; sie wurde jedoch von der weißen Armee mit ausländischer Unterstützung heftig bekämpft. Erst im Oktober 1922 gelang es der Revolutionsregierung, den wild tobenden Bürgerkrieg zu beenden; seither hat sich die Stadt weiter vergrößert und zählt heute rund eine halbe Million Einwohner. Auch die Industrie hat sich entwickelt: sie produziert Dieselmotoren, Werkzeugmaschinen, Radiatoren, Erdöl und Baustoffe. Forschungsinstitute beschäftigen sich mit Tektonik und Geophysik, Forst- und Landwirtschaft, Fischfang und Ozeanographie des Pazifiks. Wie alle Zweigstellen der Akademie der Wissenschaften studiert auch jene von Chabarowsk die technischen und wirtschaftlichen Probleme im Zusammenhang mit dem Bau der neuen Eisenbahnlinie Baikal-Amur. Das Heimatmuseum beherbergt eine interessante ethnographische Sammlung, die die Kultur und Trachten der rund zwanzig Völker dieser Region zeigt. Es trägt den Namen von Wladimir Klawdjewitsch Arsenjew, dem sehr bekannten Erforscher der östlichen Sowjetunion, der selbst dieses Museum gegründet und geleitet hat. Das Leben dieses Mannes hat den Regisseur Akira Kurosawa zu seinem Film „Dersu Uzala“ inspiriert, der in der Gegend von Chabarowsk gedreht worden ist.

168
Der Bahnhof von Chabarowsk. Typisch für die Stationen entlang der Transsibirien-Linie ist die Uhr mit drei Zeigern. Um die Reisenden nicht zu verwirren und doch den Eisenbahnern einen festen Bezugspunkt zu vermitteln, geben die schwarzen Zeiger die Lokalzeit an, der rote Zeiger die Zeit von Moskau. Der Zugfahrplan beruht in der Tat auf der Zeit der Hauptstadt, und nur der Speisewagen paßt sich jeweils der Lokalzeit an. Jeden Tag um 12 Uhr stellt der in Richtung Osten Reisende seine Uhr um eine Stunde vor. Zwischen Moskau und Chabarowsk liegen sieben Zeitzonen, was einer Reise von sieben Tagen entspricht.

169
Chabarowsk. Der dichte Rauhreif erzeugt auf den kahlen Bäumen wunderbare Effekte. Trotz der riesigen Ausdehnung herrscht in der Sowjetunion ein einheitliches Kontinentalklima. Überall ist der Winter sehr lang und sehr kalt, mit Temperaturen tief unter dem Gefrierpunkt; Frühling und Herbst gibt es praktisch nicht, und der Sommer ist zwar kurz, aber sehr heiß. Im Sommer steigen die Temperaturen allmählich von Norden nach Süden, im Winter wird es von Westen nach Osten immer kälter; dies bedeutet, daß es in Zentralsibirien am kältesten wird. Es fällt nicht besonders viel Schnee, aber die im Herbst entstehende Schneedecke bleibt durch die klirrende Kälte den ganzen Winter hindurch erhalten. Der gewaltige Kontrast zwischen Sommer und Winter erscheint noch eindrucksvoller, wenn man weiß, daß die jährlichen Temperaturunterschiede in gewissen Gebieten bis hundert Grad Celsius erreichen.

170
Chabarowsk. Auf dem kleinen Platz vor dem Bahnhof steht das Denkmal für Jerofeij Chabarow. Dieser aus Wologda gebürtige russische Abenteurer erforschte 1649 mit seinen Kosaken die Ufergebiete des Amur, die er als sehr fruchtbar und tierreich beschrieb. Zu jener Zeit wohnten in jenem Gebiet die Völkerstämme der Orotschen, Oltschen und Udege sowie andere kleinere ethnische Gruppen.

171
Die Rückseite einer Isba mit dem „seni“, dem kleinen, ungeheizten Raum, der verhindern soll, daß die Kälte direkt in den Wohnraum eindringt. Gleichzeitig dient er als Geräteschuppen und Speisekammer.

172
Chabarowsk. Auf mannigfaltige Art und Weise wird die kommunistische Jugend aufgefordert, sich an der sozialen und wirtschaftlichen Entwicklung der Nation zu beteiligen. Der Parolen sind viele, und sie versuchen, an den Pioniergeist in jedem Russen zu appellieren. Die unendliche Natur Sibiriens, eine schöpferische Arbeit, die Intelligenz und hohes berufliches Können erfordert, und das Fehlen der Superbürokratie, die in den großen Städten der europäischen Sowjetunion herrscht; dies alles übt eine unwiderstehliche Anziehungskraft aus.

173
Chabarowsk. Auf dieser großen Tafel werden während einiger Monate die Photographien jener Arbeiter aus dem Quartier ausgestellt, die sich irgendwie verdient gemacht haben.

174
Wie in Moskau und in der ganzen Sowjetunion hat sich auch in Chabarowsk eine neue, billige Art der Anzeige verbreitet. An Mauern oder Bäumen entlang der größeren Straßen befestigen die Bürger Blätter, auf denen sie ihre Anliegen veröffentlichen. Meistens handelt es sich um Anzeigen, mit denen neue Wohnungen oder Wohngemeinschaften gesucht werden. Der untere Teil der Blätter wird so zugeschnitten, daß kleine Zettelchen entstehen, auf denen die Telefonnummer des „Inserenten“ steht, denn in der Sowjetunion gibt es keine Telefonbücher. Wer an dem Angebot interessiert ist, reißt ein solches Zettelchen ab und kann sich so mit dem Aufgeber in Verbindung setzen.

174

М НА НАГРАЖДЕНИЕ ХАБАРОВ

173

174

СЛАВЬСЯ ОТЕЧЕСТВО
НАШЕ СВОБОДНОЕ

178

179

180

РАСПИСАНИЕ
движения скорого поезда 2/1 сообщения МОСКВА—ВЛАДИВОСТОК
на 1978—1979 гг.

РОССИЯ

Поезд № 2			Раздельные пункты	Поезд № 1			Поезд № 2			Раздельные пункты	Поезд № 1		
Прибытие ч. м.	Стоянка м.	Отправление ч. м.		Прибытие ч. м.	Стоянка м.	Отправление ч. м.	Прибытие ч. м.	Стоянка м.	Отправление ч. м.		Прибытие ч. м.	Стоянка м.	Отправление ч. м.
—	—	10.00	**Москва-Пасс.-Яр.**	12.25	—	—	18.36	14	18.50	Могзон	4.32	20	4.52
14.11	10	14.21	**Ярославль-Гл.**	7.35	11	7.46	—	—	—	Яблоновая	—	—	—
15.31	16	15.47	**Данилов**	6.16	12	6.28	—	—	—	Лесной	—	—	—
17.10	10	17.20	Буй	4.46	10	4.56	21.26	14	21.40	**Чита II**	1.25	20	1.45
18.59	2	19.01	Н. Полома	—	—	3.13	22.54	3	22.57	Дарасун	23.58	5	0.03
20.45	10	20.55	Шарья	1.17	10	1.27	23.37	15	23.52	Карымская	23.05	15	23.20
22.37	3	22.40	**Свеча-Сев.**	23.36	2	23.38	2.37	5	2.42	Шилка-Пасс.	20.08	3	20.11
—	—	—	Даровица	—	—	—	3.28	5	3.33	Приисковая	19.16	3	19.19
1.16	18	1.34	Киров	21.06	15	21.21	5.20	10	5.30	**Чернышевск-Заб.**	17.23	10	17.33
5.02	12	5.14	**Балезино**	17.31	14	17.45	7.23	7	7.30	Зилово	15.46	3	15.49
9.05	35	9.40	**Пермь II**	12.46	29	13.15	9.40	5	9.45	Ксеньевская	13.20	5	13.25
13.16	4	13.20	Шаля	9.35	5	9.40	12.07	15	12.22	**Могоча**	11.00	12	11.12
15.49	15	16.04	Свердловск-Пасс.	6.48	20	7.08	13.57	15	14.12	Амазар	9.03	15	9.18
18.35	5	18.40	Камышлов	4.00	5	4.05	16.25	15	16.40	Ерофей Павлович	6.15	15	6.30
21.07	15	21.22	**Тюмень**	0.50	15	1.05	18.44	2	18.46	Уруша	3.53	3	3.56
0.55	10	1.05	Ишим	20.28	10	20.38	20.55	19	21.14	**Сковородино**	1.18	20	1.38
3.15	15	3.30	Называевская	18.30	15	18.45	21.35	2	21.37	Большой Невер	0.56	3	0.59
6.00	31	6.31	**Омск**	15.58	20	16.18	23.15	2	23.17	Талдан	23.19	2	23.21
12.00	15	12.15	Барабинск	10.57	28	11.25	1.02	10	1.12	Магдагачи	21.17	10	21.27
17.06	20	17.26	**Новосибирск-Гл.**	6.25	20	6.45	2.21	5	2.26	Тыгда	19.59	3	20.02
21.36	10	21.46	Тайга	2.01	10	2.11	3.12	10	3.22	Ушумун	18.58	15	19.13
0.26	10	0.36	Мариинск	23.08	12	23.20	5.17	13	5.30	Шимановская	16.40	15	16.55
2.33	10	2.43	Боготол	20.56	14	21.10	—	—	—	Свободный	—	—	—
3.41	5	3.46	Ачинск I	19.49	6	19.55	8.03	20	8.23	**Белогорск**	13.40	20	14.00
7.00	16	7.16	**Красноярск**	16.20	15	16.35	10.38	10	10.48	Завитая	11.20	5	11.25
9.26	5	9.31	Уяр	13.55	2	13.57	11.36	5	11.41	Бурея	10.25	5	10.30
10.05	2	10.07	Заозерная	13.18	2	13.20	12.50	25	13.05	Архара	9.20	10	9.30
11.20	3	11.23	Канск-Енисейский	12.05	3	12.08	—	—	—	Кундур	—	—	—
11.56	12	12.08	Иланская	11.20	12	11.32	15.27	10	15.37	Облучье	6.53	10	7.03
13.29	3	13.32	Решеты	9.59	3	10.02	16.40	2	16.42	Известковая	5.50	3	5.53
14.40	6	14.46	Тайшет	8.42	6	8.48	17.52	10	18.02	Бира	4.25	10	4.35
17.34	11	17.45	Нижнеудинск	5.36	11	5.47	18.47	5	18.52	**Биробиджан I**	3.29	5	3.34
19.42	3	19.45	Тулун	3.42	3	3.45	19.52	3	19.55	Ин	2.25	2	2.27
22.00	15	22.15	**Зима**	1.12	15	1.27	21.35	20	21.55	**Хабаровск I**	0.30	25	0.55
0.20	3	0.23	Черемхово	23.15	3	23.18	0.05	15	0.20	Вяземская	21.47	23	22.10
2.00	3	2.03	Ангарск	21.39	4	21.43	2.08	5	2.13	Бикин	19.44	8	19.52
2.46	5	2.51	Иркутск-Сорт.	20.50	10	21.00	3.34	5	3.39	Губерово	18.16	5	18.21
3.06	13	3.19	**Иркутск-Пасс.**	20.24	13	20.37	4.12	5	4.17	Дальнереченск	17.33	5	17.38
5.46	14	6.00	Слюдянка I	17.57	13	18.10	5.12	10	5.22	Ружино	16.29	10	16.39
8.39	2	8.41	Мысовая	15.16	2	15.18	7.15	10	7.25	Спасск-Дальний	14.37	10	14.47
10.00	2	10.02	Селенга	13.53	2	13.55	8.27	10	8.37	Сибирцево	13.25	10	13.35
11.14	18	11.32	**Улан-Удэ**	12.28	17	12.45	9.45	10	9.55	**Уссурийск**	12.00	10	12.10
14.05	15	14.20	**Петровский Завод**	9.50	20	10.10	11.24	3	11.27	Угольная	10.27	3	10.31
16.47	3	16.50	Хилок	7.05	11	7.16	12.05	—	—	**Владивосток**	—	—	9.50

М. т. № 19. Зак. 521—3000

175
Chabarowsk. Ein Wasserturm aus Mauerwerk. Das Bildnis Lenins und Parteiparolen zieren den oberen Teil. In dem Aluminiumgehäuse rechts daneben befindet sich eine kleine Wetterstation.

176
Chabarowsk. Das Spital am Leninplatz, der zu den größten Stadtplätzen der Welt gehört. Auf einem Granitsockel steht – wie könnte es anders sein – ein Denkmal für den Gründer der kommunistischen Partei.

177
Chabarowsk. Der Ruhmesplatz. Ein gigantisches Monument erinnert an die Helden des Krieges und der Arbeit aus der Gegend von Chabarowsk.

178–179
Chabarowsk. Mutter und Tochter tragen die Züge der asiatischen Bevölkerung, die hier schon lang vor der sowjetischen Besiedlung gelebt hat. Moskau ist ständig bestrebt, zwischen den Russen und den einheimischen Völkern in den einzelnen Republiken ein numerisches Gleichgewicht zu erhalten. Auf diese Weise soll das Aufkeimen eines Unabhängigkeitsgedankens verhindert werden, so daß sich die Sozialistischen Republiken Asiens nicht eines Tages die Frage stellen, ob sie denn für alle Zeiten eine Art Lehensgebiet des fernen Rußland bleiben müßten.

180
Chabarowsk. Eine Gruppe junger Pioniere macht sich am „Tag des Fahnentreffens“ auf den Weg zur Parteiversammlung. In Sibirien stehen solche Manifestationen sehr hoch im Kurs.

181
Chabarowsk. Ein Vater mit seinem Kind auf einem Spaziergang durch die Stadt. Das Kleinkind ist in Decken und Tücher eingehüllt und wie ein Paket verschnürt. Die Versorgung der Kinder und viele Hausarbeiten gehören zum Aufgabenbereich des Ehemannes. In der ganzen Sowjetunion gibt es zahlenmäßig mehr Frauen als Männer, was ihnen viel Macht und großes Ansehen einträgt. Es gibt keine Frau, die sich allein um das Haus kümmert. Jede Frau geht auch ihrem Beruf nach, und die Kleinkinder kommen vom dritten Lebensmonat an tagsüber in eine der zahlreichen und gut ausgerüsteten Kinderkrippen.

182
Chabarowsk. Eine Gruppe von jungen Leuten verbringt den Sonntagnachmittag trotz der bitteren Kälte im Freien. Um sich etwas aufzuwärmen, trinken sie Wodka und singen Lieder zu den Klängen einer Handharmonika.

183
Chabarowsk. Eine Großmutter schubst ihr Enkelkind auf einem Eisblock über den zugefrorenen Fluß. Die Kinder sind immer sehr gepflegt und gut angezogen.

184
Chabarowsk. Zu jeder Tageszeit sind viele Leute auf der Straße. Trotz eines Schneesturms, der über die Stadt hinwegfegt, verzichten die Bürger nicht auf ihren täglichen Spaziergang.

185–190
Chabarowsk. Die modernen Läden und Lebensmittelgeschäfte wirken sehr hygienisch, aber die Sauberkeit läßt noch deutlicher erkennen, daß es nicht viel zu kaufen gibt.

191
Chabarowsk. Die Gesichter dieser beiden Soldaten zeugen von den Erbeinflüssen verschiedener Völkerrassen.

Die Bevölkerung Sibiriens besteht zum größten Teil aus Russen. Die erste Besiedlung erfolgte unter Zar Iwan dem Schrecklichen, als Abenteurer und Pelzjäger in diesem neuen Land die Verheißung auf ein freies Leben erkannten. Später errichteten die Zaren in Sibirien Zwangsarbeitslager und Exildörfer. Am meisten Leute kamen aber durch den Eisenbahnbau nach Sibirien, und heute noch liegen die größten Ansiedlungen in der Nähe des Schienenstranges der Transsib.

In den fünfziger Jahren startete die Sowjetregierung eine breitangelegte Werbekampagne für Sibirien, die junge, abenteuerlustige Menschen in dieses Land lokken sollte; sie beschrieb Sibirien als ein Land mit unermeßlichen Reichtümern und unberührten Landstrichen, auf denen moderne Städte und neue Industrien erbaut werden sollten. In Sibirien fühlt man sich auch etwas freier. Wenn einem die Bürokratie zahlreiche Hindernisse in den Weg legt, findet man eine inoffizielle, aber rasche Lösung: Moskau ist weit weg, und es kann sehr lange dauern, bevor dort irgend jemand etwas unternehmen kann und will.

Einen weitern Anreiz bilden die hohen Löhne, die je nach Zone und Arbeit zwischen 20 und 80 Prozent über den Löhnen in der europäischen Sowjetunion liegen. Die langen und strengen Winter Sibiriens sind jedoch nicht jedermanns Sache. Viele kehren bald wieder in ihre Heimatorte zurück.

FAHRPLAN DER
TRANSSIBIRISCHEN EISENBAHN
ROSSIJA

		Ankunft	Abfahrt
1. Tag	MOSKAU		10.00
1. Tag	JAROSLAWL	14.11	14.21
2. Tag	SWERDLOWSK	15.49	16.04
2. Tag	TJUMEN	21.07	21.22
3. Tag	OMSK	06.00	06.31
3. Tag	NOWOSIBIRSK	17.06	17.26
4. Tag	KRASNOJARSK	07.00	07.16
5. Tag	IRKUTSK	03.06	03.19
5. Tag	ULAN-UDE	11.14	11.32
5. Tag	TSCHITA	21.26	21.40
6. Tag	MOGOTSCHA	12.07	12.22
7. Tag	BELOGORSK	08.03	08.23
7. Tag	CHABAROWSK	21.35	21.55
8. Tag	WLADIWOSTOK	12.00	

Moskauer Zeit

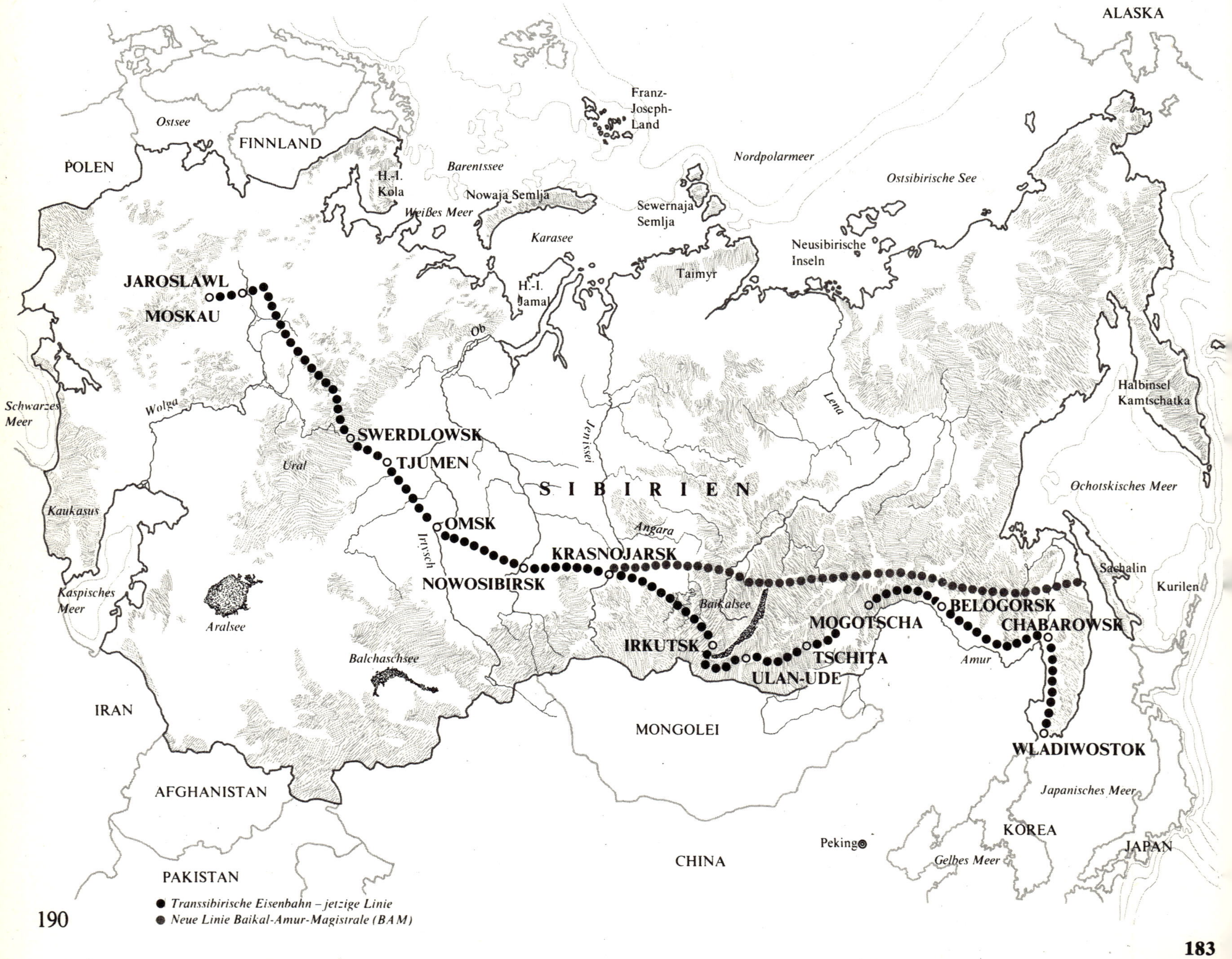

184

185

МАГАЗИНУ № 9
0 58

187

188

189

0.60
1.06
0.39
0.34
0.44

Сегодняшние свершения советского на
есть прямое продолжение дела Октяб

193

194

192
Soldaten in einer Straße von Chabarowsk. Im Hintergrund eine der zahlreichen Propagandawände der Partei mit dem Konterfei von Leonid Breschnew. Nach der Revolution haben die Russen begriffen, daß sie dieses unendlich weite Land mit seinen noch unbekannten Reichtümern bevölkern mußten, wenn sie darauf Ansprüche erheben wollten. Stalin schickte die Deportieren nach Sibirien, Chruschtschow die Mitglieder der staatlichen Jugendorganisation Komsomol.

193
Chabarowsk. „Orbita“, die Bodenempfangsstation für Fernmeldesatelliten.

194
Ein Militärlastwagen mit Soldaten im Zentrum von Chabarowsk.

195
Chabarowsk. Von einem Beobachtungsposten in der Nähe von Chabarowsk spähen ein paar Soldaten zum andern Ufer des Amur hinüber, wo die chinesische Grenze verläuft. Grenzzwischenfälle sind hier sehr häufig. Aus diesem Grund ist in Chabarowsk sehr viel Militär stationiert.

196
Sonntagnachmittag in Chabarowsk. Eine Gruppe von Soldaten genießt den „freien“ Ausgang. Im Hintergrund das Eisstadion der Stadt.

197, 199, 200
Chabarowsk. Geduldige Fischer auf dem zugefrorenen Amur. Ein gewohnter Anblick an allen sibirischen Flüssen. In Pelzmäntel eingehüllt sitzen sie vor den Löchern, die sie in die Eisdecke gebohrt haben, und halten ihre Angelschnur ständig in Bewegung, damit sie nicht einfriert. Die Flüsse sind sehr fischreich, und Geduld wird immer reich belohnt.

198
Chabarowsk. Der Fluß Amur. Der Fischer durchstößt die Eisdecke mit einem Handbohrer.

201
Ein Fischer am Amur gönnt sich eine kleine Pause, um eine „Papirossa“ mit langem Mundstück und einem bißchen Tabak zu rauchen. Die russische Zigarette ist so zusammengesetzt, damit man sie rauchen kann, ohne die schweren Handschuhe auszuziehen.

202
Chabarowsk. Der Amur – dieser Name bedeutet in der mongolischen Sprache „der Fluß“ – bildet über sehr weite Strecken die Grenze zwischen Rußland und China. Er verläuft zwischen hohen, felsigen Ufern, die mit kleinen Schwemmebenen abwechseln. Der 2850 km lange Amur entsteht aus den Flüssen Schilka und Argun, ersterer entspringt im Kenteigebirge südlich des Baikalsees, letzterer in der inneren Mongolei.

203
„Draußen ist es dunkel. Dem Zug entlang bewegen sich Eisenbahner mit elektrischen Lampen und kontrollieren Räder und Schienen; einige bücken sich unter die Wagen und legen sich hin, um besser sehen zu können; einer geht mit Lampe und langstieligem Hammer rasch den ganzen Zug entlang und schlägt immer wieder an die Räder. Bei jedem Halt wird alles ganz genau überprüft. Unterdessen vertreibt man sich im Zug drin die Zeit, so gut es eben geht: viele spielen Karten oder Schach und trinken dazu einen Schluck, andere schlafen schon, wieder andere plaudern in den Gängen. Niemand schreit oder singt. Viele kommen aus den hinteren Waggons; sie gehen in den Speisewagen, wo sie etwas zu Trinken kaufen können.“

(Aus dem Tagebuch von Enzo Pifferi)

204
Seit den sechziger Jahren bis heute ist es an der 8000 km langen Grenze zu über 10.000 Zwischenfällen gekommen. In Chabarowsk spricht man nicht darüber. Vor allem den Fremden gegenüber benimmt man sich so, als ob China tausend Kilometer weit weg wäre. Dabei befinden wir uns an einem sehr heißen Grenzabschnitt. Dutzende von Helikoptern führen in regelmäßigen Abständen Kontrollflüge an den Ufern des Amur durch.

205
Abteilungen der Grenzwachtruppen bei einer Übung.

206
Radarstationen neben dem Schienenstrang der Transsib.

207
„Neben dem ‚Rossija‘ hält ein sehr langer Güterzug an. Aus einem Wagen steigt ein bewaffneter Soldat aus; zwei weitere rauchen an der offenen Tür. Aus einem Kamin über dem gleichen Wagen steigt Rauch auf: auch sie haben einen Ofen, an dem sie sich wärmen können. Zweifellos transportiert der Zug wichtige Güter. Nachdem er das Schließen einiger Wagen überwacht hat, steigt der Soldat wieder ein, und der Güterzug fährt weiter.“

(Aus dem Tagebuch von Enzo Pifferi)

208
Der Zugführer in seinem Abteil, das so etwas wie das Herz des „Rossija" ist. Mit Hilfe der gut sichtbaren Radioanlage leitet er Musik und Nachrichten in alle Waggons weiter. Über die in allen Wagen vorhandenen Lautsprecher informiert er die Reisenden über die neuen Zeitzonen, die Aufenthaltsdauer des Zuges an den wichtigsten Stationen und über die Dörfer und Flüsse, die vom Zug aus zu sehen sind. Er steht in telefonischer Verbindung mit den Lokomotivführern und mit dem Wagenpersonal: er will über alles Bescheid wissen, was in seinem Zug vor sich geht. Er verteilt den Ausländern Broschüren über die Sowjetischen Staatsbahnen, insbesondere natürlich über die Transsibirische Eisenbahn, aber auch Propagandaschriften in englischer oder französischer Sprache: „Wohlfahrt in der UdSSR", „Worüber spricht das Volk in der UdSSR", „Die russisch-chinesische Grenze", „Die Politik von Beijing gefährdet den Frieden" oder „Amerikanische Berichte enthüllen Tatsachen über den Geheimkrieg gegen das Dissidententum in den Vereinigten Staaten".

209
Nachodka – Wladiwostok. Der Expreßzug „Rossija" wird mit neuen Vorräten versorgt, bevor er die Rückreise von Wladiwostok nach Moskau antritt. Das rund fünfzigköpfige Zugpersonal besteht in erster Linie aus zurückhaltenden, ruhigen und unerschütterlichen Frauen. Sie überwachen diskret das Abteil ihres Gastes; wenn er sich nicht darin aufhält, schließen sie es mit dem Passepartout ab. Wer sich an den Stationen etwas die Beine vertreten will, braucht nicht zu befürchten, daß der Zug plötzlich ohne ihn abfährt; die Frauen stehen neben ihren Wagen und beobachten aufmerksam und schweigend die ihnen anvertrauten Gäste. Ein Blick in ihre Richtung genügt, und sie zeigen mit den Fingern, wieviele Minuten einem bis zur Abfahrt des Zuges noch bleiben. Am Ende der langen Reise nehmen sie freudig ein Foulard, ein Fläschchen Parfum oder irgendein anderes Präsent westlicher Herkunft entgegen.

210
Nachodka – Wladiwostok. Rangiermanöver vor der Rückreise. Die Fahrt geht heute in Nachodka zu Ende, nicht mehr in der traditionellen Endstation Wladiwostok. Diese wichtige Garnisonstadt ist heute für Fremde gesperrt, und auch russische Bürger erhalten nur schwer Zugang. Die ganze Reise dauert praktisch 8 Tage und 7 Nächte; sie führt durch 7 Zeitzonen; 170 Stunden ununterbrochene Fahrt von Westrußland durch Sibirien in den Fernen Osten. Über 600 Stationen liegen an der rund 10.000 km langen Bahnlinie; der „Rossija" hält 88mal an, wobei der Aufenthalt jeweils zwischen zwei und fünfunddreißig Minuten dauert.

211
Enzo Pifferi, der Autor dieses Bandes, neben dem „Rossija".

In Bahnhöfen und entlang der Strecke, insbesondere in der Nähe von Brücken, darf man nicht fotografieren. Die normalerweise unbewegliche Miene des Zugführers drückt Verzweiflung aus; aber sein Blick zeigt deutliche Mißbilligung, sobald man doch fotografieren will. Man muß mit größter Vorsicht ans Werk gehen, wenn man nicht in ernsthafte Schwierigkeiten gelangen will; es drohen Beschlagnahme der Kamera, Ausweisung aus der UdSSR oder sogar Anklage wegen Spionage.

„‚Do swedanja, towarischtsch' (‚Auf Wiedersehen, Genosse').

Damit enden die häufigen Nachrichtensendungen auf dem einzigen Radiokanal, den man im Zug hören kann. Sie stammen aus einem Einheitsprogramm, dem einzigen, das uns der Zugführer weitergibt: es hat keinen Sinn, am Wählschalter zu drehen, dies ist und bleibt das einzige Programm. Man kann es allerdings etwas lauter oder leiser einstellen.

Zwischen den Nachrichten erklingen Sinfonien oder Opern, russische Volkslieder, ein paar italienische Evergreens aus den fünfziger Jahren, unter anderem natürlich ‚O sole mio', und hie und da sogar ein paar englische Songs von den Beatles (Musik aus Übersee wird nur sehr selten gesendet).

Gerührt vernehme ich die Namen von Staatspräsident Sandro Pertini und von Ugo La Malfa: rasch kombiniere ich, daß die Regierungskrise in Italien immer noch nicht überwunden ist und daß der Staatspräsident dem Republikaner wahrscheinlich einen neuen Auftrag zur Regierungsbildung erteilt hat.

Das große Problem bei den Nachrichtensendungen ist die Sprache. Man versteht kaum etwas, wenn man des Russischen nicht mächtig ist.

Und wenn man hie und da mal ein Wort versteht, muß man mit etwas Phantasie den Zusammenhang erraten oder an der Reaktion der Reisegefährten abzuschätzen suchen, welcher Art die Meldung gewesen ist.

So habe ich in den Nachrichten mehrmals hintereinander die Namen Rußland, Vietnam und China verstanden. Das ganze Drum und Dran rief in mir den Eindruck hervor, daß irgendwo etwas nicht stimmte. Vielleicht lag es daran, daß ein paar Soldaten in Hemd und Socken eilig in ihr Abteil stürzten und die Tür nicht gerade sanft hinter sich zuschlugen.

Ich glaube, ich habe zu den wenigen gehört, die sich in einem besonders kritischen Moment in der Nähe der russisch-chinesischen Grenze befanden, ohne aber zu wissen, daß sie buchstäblich auf einem Pulverfaß saßen. Deshalb begriff ich auch die Maßnahme nicht, den Zug während zwei Nächten mit verdunkelten Lichtern fahren zu lassen. Und deshalb wußte ich auch die vorwurfsvollen Blicke des Zugpersonals nicht zu deuten, als ich durch die zugezogenen Vorhänge verstohlen ein paar Helikopter beobachtete, die vielleicht zum Ussuri unterwegs waren. Niemand sagte etwas, und hätte ich gefragt, wäre nicht viel dabei herausgekommen. Man hätte mir gesagt, wir wären noch nicht in Wladiwostok angekommen . . . aus Sicherheitsgründen . . . wegen Vietnam, wegen China, und wegen vieler anderer Dinge . . ."

(Aus dem Tagebuch von Enzo Pifferi)

204

206

205

207

208

ЗАБ. Ж.Д.
ТЭМ2-1855

СССР
МСК
115
РОССИЯ
МОСКВА-ВЛАДИВОСТОК

Die neue Transsib

Leonid Breschnew hat die neue Baikal-Amur-Magistrale (BAM) als „heldenhaftes Jahrhundertwerk" bezeichnet. Die Idee der BAM geht bis auf die Zeit der Zaren zurück, die damals unmittelbar nach Vollendung der Transsibirischen Eisenbahn eine zweite Bahnverbindung für unerläßlich hielten. Damit wollten sie vor allem die Besiedlung und die wirtschaftliche Entwicklung der Regionen östlich des Baikalsees vorantreiben; diese Gebiete hatten kaum hundert Jahre zuvor noch zu China gehört und waren erst durch die Verträge von Aihun (1858) und Beijing (1860) an Rußland übergegangen. China bezeichnete diese Verträge aber von allem Anfang an als „ungerecht" und hat seit Beginn des 20. Jahrhunderts immer wieder Ansprüche auf diese Gebiete geltend gemacht. Außerdem verläuft der Schienenstrang der Transsib viel zu nahe, nämlich in einem Abstand von nur 25 bis 100 Kilometern, an der chinesischen Grenze entlang, eben durch jenes Territorium, das Peking zurückhaben möchte. Diese Nachbarschaft macht die Transsib äußerst verwundbar, und wenn sie unterbrochen würde, wären die östlichen Gebiete, deren Meerhäfen im Winter durch Eis blockiert sind, vom übrigen Rußland vollkommen abgeschnitten. Aber die Zaren kamen nicht mehr dazu, die BAM zu verwirklichen, und nach 1917 war die Revolutionäre Regierung voll mit dem Neuaufbau des sowjetischen Staates beschäftigt. Erst in den dreißiger Jahren begann Stalin, ein Programm zur Entwicklung der Grenzregionen zu China aufzustellen, welches den Bau von neuen Städten und von Zweiglinien der alten Transsib vorsah. Der Zweite Weltkrieg machte aber auch jene Pläne zunichte, und erst 1974 begann Breschnew sie in die Tat umzusetzen.

Die 3145 km lange neue Linie verläuft rund 500 km nördlich ungefähr parallel zur alten Transsibirischen Eisenbahn durch eine Gebirgsgegend, in der es keine Verbindungswege, keine Industrien und keine Städte gibt. Die Bedeutung dieses Projekts liegt deshalb nicht nur im Transportwesen, sondern auch in der Erschließung eines Landes, das mit seiner Fläche von ungefähr 1,5 Millionen Quadratkilometern fast so groß ist wie Großbritannien, Frankreich, Italien und Spanien zusammen. Die Wissenschafter von Akademgorodok untersuchen schon seit vielen Jahren dieses riesengroße Gebiet, das der Dauerfrostzone mit Temperaturen bis unter –50°C angehört, und sie haben Pläne ausgearbeitet, nach denen dieses Land erschlossen und seine ungeheuren Bodenschätze ausgebeutet werden können.

Auf der ganzen Welt gibt es nur wenige Gebiete, die sich mit diesem vergleichen lassen, und die intensive und rasche Entwicklung im industriellen, wirtschaftlichen und sozialen Bereich hat nirgendwo ihresgleichen. Eine Teilstrecke der neuen Bahnlinie ist bereits in Betrieb; auf ihr wird Kohle aus den Bergwerken von Neryungrin abtransportiert.

Die ganze Linie soll 1983 fertiggestellt sein, in jenem Jahr also, in welchem Rußland die Hundertjahrfeier des Bau-

beginns der alten Transsibirischen Eisenbahn „Moskau-Wladiwostok" begehen wird.
Diese wird ihre lebenswichtige Bedeutung als Hauptverkehrsader für den Gütertransport und für die Bewohner der Städte und Dörfer entlang ihrer Strecke behalten.
Ein paar Angaben genügen, um einen Eindruck von der Großartigkeit des BAM-Projektes zu vermitteln: die Linie überwindet sieben Gebirge und überquert 3200 Wasserläufe, unter anderem neun Flüsse in der Größenordnung der Lena und des Amur; an ihr entstehen 200 Stationen, 142 Brücken und Tunnels von insgesamt 25 km Länge. Die sowjetische Propaganda läßt sich natürlich keine Gelegenheit entgehen, bei der Fertigstellung jedes neuen Teilstücks der BAM Arbeiter, Belegschaft und Technik ruhmreich zu verewigen. Dichter, Schriftsteller, Radio und Fernsehen spornen die Jugend dazu an, sich an der Verwirklichung dieses Mammutprojekts zu beteiligen. Und so treffen auf den Baustellen der BAM tagtäglich Züge mit ganzen Pioniermannschaften ein; ihnen gehören Menschen aus allen Teilen der Sowjetunion an. Die meisten besitzen ein Diplom einer Fachschule oder einer höheren technischen Lehranstalt, oder es sind Spezialisten, die mit Planiermaschinen, Kranen, Baggern, Lastwagen und Raupenfahrzeugen umzugehen wissen. Viele von ihnen gehen nur deshalb nach Sibirien, weil sie dort gut verdienen und nach einer gewissen Zeit mit einem bescheidenen Sparkapital in ihre Heimat zurückkehren können. In vollkommen menschenleeren Gebieten entlang der BAM sollen aber auch neue Städte für Tausende von Einwohnern erbaut werden. Ihre ersten Bewohner werden ihre Erbauer sein, die dort bleiben wollen und bei der Eisenbahn oder in einem der zahlreichen neuen Industriebetriebe Arbeit finden werden.

Enzo Pifferi

Bibliographie

Le chemin de fer transsibérien, Moskau 1979.
Valentin Alexandrow, *The Wonderland Called Siberia*, Presseagentur Nowosti, Moskau 1977.
George St. George, *Siberia, the New Frontier*, New York 1969.
Wladimir Olguine, *La frontière soviéto-chinoise*, Presseagentur Nowosti, Moskau 1978.
Vito Sansone, *Siberia l'avventura del secolo*, SEI (Società Ed. Internazionale), Turin 1977.
Enzo Biagi, *Russia*, Rizzoli Editore, Mailand 1974.
I popoli della Terra, A. Mondadori Editore, Verona 1974.
Il Milione, Istituto Geografico De Agostini, Novara 1965.
BAM, Sowjetskaja Rossija, Moskau 1975.

Historischer Teil

Giorgio Lise:

Geschichtlicher Abriß

Die Nachrichten, die im 18. Jahrhundert aus Sibirien nach Europa gelangten, waren nicht sehr zahlreich, und in den Jahrhunderten zuvor waren sie noch spärlicher gewesen.
Thomas Salmon schreibt in *Lo stato presente di tutti i Paesi e Popoli del Mondo* (Vol. V, S. 571 ff., Venedig 1735):
„Dieses kleine Stück Erde, das sich Tartarey nennt, ist von sehr engen Grenzen umschlossen; der nördliche Teil trägt den Namen Sibirien, nach der alten Stadt Siber, dem heutigen Tobolsk; der südliche Teil ist unter dem Namen Tartarey bekannt.
Sibirien erstreckt sich nach Osten bis ans Meer von Kamtschatka, das heißt bis zum 131. Längengrad nach dem Meridian von London, und nach Norden bis an die Mündung des Flusses Tanais, bis zum neununddreißigsten Grad des gleichen Meridians. Auf solche Weise berechnet, dehnt es sich über sechzig Längengrade aus, was ungefähr 3491 Meilen entspricht; es ist ungefähr 1964 Meilen breit und liegt zwischen dem fünfundvierzigsten und dem fünfundsiebzigsten Breitengrad, obwohl es an gewissen Stellen viel breiter, an andern viel schmaler ist. Wenn diese Staaten aber zu denjenigen hinzukommen, die Moskau in Europa schon besitzt, entsteht das größte aller Königreiche auf Erden. Und wenn all diese großen Provinzen geeint, fruchtbar und bevölkert wären, entstünde jenes schreckliche Königreich, das von seinen Nachbarfürsten in Europa und in Asien gleichermaßen gefürchtet wird.
Um sich mit wenigen Worten von der fürchterlichen Kälte in Sibirien überzeugen zu lassen, braucht man nur darauf hinzuweisen, daß es unter dem nördlichen Polarkreis liegt. Gewiß ist, daß dort fast ununterbrochen Schnee und Eis herrschen, sodaß viele Orte nicht bewohnbar sind; dies vor allem auch, weil es in der nördlichen Zone keine Berge gibt, die es vor den wilden Winden schützen, die so kalt und manchmal fast todbringend wehen. (. . .)
Unter dem Namen Sibirien wollen wir hier jenen Teil der Moskauer Tartarey verstehen, in dessen Aufgang der Fluß Ob, in dessen Untergang das Meer von Kamtschatka und in dessen Süden die chinesische Tartarey liegen. (. . .)
Die Moskowiter haben sich in Sibirien niedergelassen, nachdem sie es schon 130 Jahre zuvor unterjocht hatten, und in diesem Zeitraum ist ihre Bevölkerung so angewachsen, daß sie, um sich etwas ausbreiten zu können, ungefähr dreißig Städte bauen, knapp zweitausend Dörfer und große Ländereien an verschiedenen Orten bewohnen mußten. Sie wären noch zahlreicher, wenn sie durch die barbarische und unmenschliche Behandlung ihrer Woiwoden (Verwalter der Provinzen) nicht gezwungen worden wären, ihre Wohnsitze zu verlassen. All ihre Wohnungen in den Städten und Dörfern sind nach der Art der Moskowiter aus Brettern erbaut worden. Nach der gleichen Art sind auch die Festungen und Befestigungen ihrer Städte entstanden, die zur Verteidigung genügt hätten in einem Land, in dem es von Anfang an keine Geschütze gegeben hatte; doch haben die Kalmüken und die Chinesen angefangen, Geschütze und andere Feuerwaffen dort einzuführen. Aus diesem Grund bin ich überzeugt, daß diese Befestigungen solange nutzlos bleiben, bis sie verbessert und verstärkt werden."
Die riesigen Distanzen stellten für den Transport von Menschen und Gütern kein geringes Problem dar.
Gottardo Garollo beschreibt die Situation in einem seiner Essays aus dem Jahr 1898 („L'Europa in Cina e la Grande Strada Terrestre Siberiana", in: *Nuova Antologia,* 1898, S. 145–157):
„Für den Transport von Menschen und Gütern dienen in Sibirien die vielen großen Flüsse und die Poststraßen. Die Flüsse sind jedoch im Winter wegen Eis während vier bis fünf Monaten nicht schiffbar. Die bedeutendste Poststraße ist jene, die von Westsibirien über Irkutsk nach Kjachta in Transbaikalien und als Nebenstraße weiter nach Osten zum Amur führt. Jeden Monat fährt in Kjachta ein russischer Postzug unter starkem Kosakenschutz nach Peking ab; er durchquert die Wüste Gobi und zieht über den Calkar-Paß durch das Chingan-Gebirge.
Insgesamt sind die Wasser- und Landverbindungen in Sibirien aber ziemlich unvollkommen. Aus diesem Grund hat sich schon seit langem immer deutlicher der Wunsch bemerkbar gemacht, diese Verbindungen, insbesondere die Wasserwege, müßten systematisch ausgebaut, auf geeignete Art und Weise (durch Kanäle und Nebenstraßen) aneinander angeschlossen und zu einem leistungsfähigen Netz erweitert werden, mit dessen Hilfe sich die ganze Region sehr vorteilhaft in den großen Welthandel einschalten könnte. Den entscheidenden Anstoß zur Verwirklichung dieses Wunsches gab schließlich der Bau einer Eisenbahnlinie, die vom Ural quer durch Sibirien zum Pazifischen Ozean führt. Es war aber sofort klar, daß diese Eisenbahn nur dann ihr großes Ziel erreichen und die enorm hohen Baukosten rechtfertigen würde, wenn das erwähnte Verkehrsnetz die notwendige Unterstützung brächte.
Die Idee einer Transsibirischen Eisenbahn hatte schon seit langer Zeit nicht nur in hohen Regierungskreisen, sondern auch bei der russischen Bevölkerung Anklang gefunden.
Die intensive und methodische Kolonisierung Sibiriens, die immer stärker von der großen und verarmten Landbevölkerung im europäischen Teil von Rußland gefordert wird; die Ausbeutung der unendlich großen Bodenschätze von Sibirien; die Eröffnung neuer Absatzmärkte für die zunehmende Industrieproduktion Rußlands; die Verstärkung des russischen Einflusses in der Mongolei und in der Mandschurei; und – das darf man heute offen sagen – die Absicht der Russen, gegenüber China, Korea und Japan eine Vormachtstellung einnehmen zu wollen: dies alles waren die Motive, die den Plan zum Reifen brachten.
Von da an war es ein kurzer Schritt zu seiner Verwirklichung; die ungeheuren

1

2

3

1
Die Überquerung des Jenissei bei Krasnojarsk im Jahr 1892, vor dem Bau der Transsibirischen Eisenbahn (aus: Le Tour du Monde, 1894. Sammlung Bertarelli, Mailand).

2
Der Hafen von Wladiwostok, das sogenannte Goldene Horn des Orients (aus: Le Tour du Monde, 1894. Sammlung Bertarelli, Mailand).

3
Eine Poststation in Sibirien (aus: Le Tour du Monde, 1894. Sammlung Bertarelli, Mailand).

Schwierigkeiten machten den Russen keinen allzu großen Eindruck, denn sie hatten sich schon beim Bau der Transkaspischen Eisenbahn als Meister dieses Faches erwiesen.
Verschiedene Projekte wurden diskutiert und wieder verworfen. Im Jahr 1891 einigte man sich schließlich auf folgende Linienführung: von Tscheljabinsk (am Ostfuß des Ural), der Endstation der Linie Moskau–Samara (Kuibyschew)–Slatoust mit Anschluß nach Jekaterinburg (Swerdlowsk; an der seit 1885 offenen Strecke Perm-Tjumen), über Omsk und Mariinsk nach Krasnojarsk am Jenissei, eine ziemlich genau von Westen nach Osten verlaufende Strecke von ungefähr 2200 km Länge (einschließlich Nebenlinien, wie z. B. diejenige nach Tomsk); von da weiter nach Südosten nach Irkutsk, um das Südende des Baikalsees herum und dann wieder genau nach Osten, durch Transbaikalien über Tschita und Nertschinsk nach Sretensk an der Schilka, insgesamt ungefähr 2950 km. Die ungefähr 1600 km lange Strecke von Sretensk nach Chabarowsk wollte man vorläufig mit Dampfern auf dem Unterlauf der Schilka und auf dem Amur zurücklegen, später dann aber auch eine Eisenbahnlinie auf dem linken (russischen) Ufer entlangführen. Die letzte, ungefähr 750 km lange Strecke von Chabarowsk nach Wladiwostok verlief in Nord-Süd-Richtung durch das Tal des Ussuri (Nebenfluß des Amur) und östlich am Chankasee vorbei (dessen Abfluß der Ussuri ist); Zwischenstationen waren in Grafskaja und Nikolsk vorgesehen.
Die Gesamtlänge der projektierten Strecke betrug also ungefähr 7500 Kilometer (einschließlich Nebenlinien), eine wahrlich eindrucksvolle Zahl im Vergleich zur rund 4000 km langen Transkontinentalbahn Kanadas von Montreal über Winnipeg nach Vancouver oder zur ungefähr 4500 km langen Transkontinentallinie der USA von New York über Chicago und Omaha nach San Francisco.
Die Ausführung der nun fertigen Pläne erfolgte unter der ausgezeichneten Protektion des Großfürsten (des jetzigen Zaren Nikolaus II.), der die Arbeiten feierlich eröffnete und höchstpersönlich am östlichsten Punkt der Linie, in Wladiwostok, am 12. Mai 1891 den ersten Spatenstich tat. Dadurch erhielt das großartige Unternehmen den Anstrich eines staatlichen Ereignisses von höchster Bedeutung, und gleichzeitig brachte es den Willen Rußlands zum Ausdruck, seine Vorherrschaft im Fernen Osten zu behaupten.
Sergei Juljewitsch Graf Witte, der russische Finanzminister, versprach dem Zaren in seinem Bericht über das Finanzjahr 1897, die große Eisenbahnlinie werde 1898, spätestens aber 1899, von beiden Seiten her den Amur erreichen. Inzwischen war es Rußland dank seiner freundschaftlichen Beziehungen zu China aber gelungen, das zu erhalten, was es schon immer gewollt hatte, nämlich die Einwilligung zur Verlängerung der Sibirischen Eisenbahn über chinesisches Territorium in die Mandschurei; dies bedeutete eine Kürzung der ursprünglichen Streckenführung um 550 Kilometer und einen unschätzbaren wirtschaftlichen und politischen Vorteil. Die neue Linie, die sogenannte Ostchinesische Eisenbahn, wird von der Russisch-chinesischen Bank erbaut werden, deren Aktionäre ausschließlich Russen und Chinesen sein dürfen. Sie wird in Onon, östlich von Tschita, beginnen und südöstlich über Tsitsikar nach Nikolsk (Ussurisk) führen. Mit dem Bau dieser Bahn wurde am 16. August 1897 begonnen; sie wird in sechs Jahren fertiggestellt sein. Es wurde schon ausgerechnet, daß nach Vollendung des Abschnitts Sretensk-Chabarowsk die Reise von Paris nach Japan einschließlich Überfahrt von Wladiwostok nach Nagasaki nicht mehr als 15 Tage dauern sollte. Die direkte Linie durch die Mandschurei würde die Reisezeit noch weiter verkürzen. Das gewaltige Unternehmen hat die russische Regierung bisher 900 Millionen Lire (zum damaligen Wert, A. d. R.) gekostet. Darin inbegriffen sind natürlich die Kosten für die Stationsgebäude und für die Nebengebäude für untergeordnetes Personal und für das Rollmaterial.
Die Züge der Transsibirischen Eisenbahn, die heute schon von vielen Reisenden benützt werden, bestehen aus ein paar Wagen zweiter Klasse des alten russischen Typs, aus neuen Wa-

4

5

6

4
Eine Poststation in Sibirien (nach einem Stich aus dem Jahr 1877. Sammlung Bertarelli, Mailand).
5
Der sibirische Wald (Sammlung Bertarelli, Mailand).
6
Ansicht der Stadt Irkutsk nach einer Zeichnung von Taylor (aus: Le Tour du Monde, 1894. Sammlung Bertarelli, Mailand).

gen dritter Klasse, die sich nachts zu Schlafwagen umwandeln lassen, und aus rohen Waggons vierter Klasse. Jeder Zug führt auch einen Kapellen-Wagen, eine fahrende Kirche, mit.
Die sibirische Eisenbahn, das wunderbare Werk einer starken und unternehmungslustigen Nation, ist so gewaltig, daß sie unabsehbaren Nutzen bringen wird. Dieses Werk wird vielleicht sogar zum allgemeinen Fortschritt der Zivilisation und zum Weltfrieden beitragen!
Dies wird in der Zukunft sicher so sein. Gegenwärtig fühlen sich aber zu viele und zu lebenswichtige Interessen von der Vollendung dieses Werkes bedroht und setzen ihm deshalb Widerstand entgegen. Ein Anzeichen dafür sind die Ereignisse, die sich zur Zeit an der Küste Chinas abspielen und die Aufmerksamkeit ganz Europas so sehr auf sich ziehen."

Sibirien

Die Eroberung Sibiriens durch die Russen von Westen her beginnt historisch gesehen im Jahr 1581. Der Kosak Jermak Timofejewitsch bricht zu seinem Zug nach Osten auf; mit ihm ziehen Iwan Koltso und 850 Gefolgsleute, Kosaken wie er, aber auch Polen, Deutsche und Russen aus verschiedenen Regionen, unter anderem 300 Litauer. Zu jener Zeit unterstand Sibirien dem mächtigen Usbeken-Khan Kutschum, der aus Angst vor einer gewissen wirtschaftlichen Aufdringlichkeit der Moskauer begonnen hatte, gegen einige von den Stroganows gehaltene Festungen zu kämpfen. Zar Iwan IV. ermächtigte daraufhin die Stroganows zum Kampf gegen den Khan, vor allem um die russischen Interessen an den Eisen-, Kupfer-, Zinn- und Bleiminen zu verteidigen.
Der Krieg war nicht schwierig für die Russen, denn Kutschum besaß keine Feuerwaffen.
Timofejewitsch, der sich durch Flucht einer Bestrafung für verschiedene Räubereien entzog, fiel unabhängig von den regulären russischen Truppen in Sibirien ein; dank der Unterstützung der Stroganows, die ihm Waffen, Geld und Führer zur Verfügung stellten, besiegte er den Khan und wurde vom Zaren begnadigt. Ein paar Jahre später ertrank Timofejewitsch bei einem Überfall der Tataren im Fluß Irtysch; das Gewicht der Rüstung, die ihm Iwan IV. selbst geschenkt hatte, wurde ihm zum Verhängnis.
1582 wurde die Stadt Sibir erobert, und sieben Jahre später wurde Tobolsk gegründet. Von da an kamen immer neue Ländereien hinzu, und neue Städte wurden gegründet: Turinsk (1600), Tomsk (1609),. Jennisseisk (1618), Krasnojarsk (1627) und Jakutsk (1632).
Im Jahr 1633 standen die Russen an der Halbinsel Kamtschatka, die sie aber erst 1697/99 dem Reich einverleiben konnten. Am Baikalsee entstanden 1646 neue Siedlungen, und 1656 wurde Nertschinsk in Transbaikalien gegründet.
Im 17. Jahrhundert war die Besetzung der weiten Landstriche jenseits des Ural praktisch vollendet, und schon 1708 funktionierte die Zivilverwaltung, an deren Spitze der Gouverneur von Tobolsk stand.
Ein Jahrhundert später, 1806, wurde Sibirien ein russisches Generalgouvernement, das später in eine westliche und eine östliche Zone aufgeteilt wurde. Weitere Gebiete kamen hinzu: 1858 mußte China den Amur abtreten, 1860 die Randgebiete der Mandschurei. 1875 kam schließlich noch die Insel Sachalin dazu, die mit Japan gegen die Kurilen ausgetauscht wurde. Die Eroberung des Landes war verhältnismäßig einfach, wenn man an seine ungeheure Ausdehnung, die geringe Bevölkerung und die spärlichen Verbindungswege denkt. Nachrichten aus Sibirien waren noch unvollständig, und eine methodische Erforschung auf wissenschaftlichen Grundlagen begann erst unter Zar Peter dem Großen (1672–1725).
Der Deutsche Peter Simon Pallas führte von 1768 bis 1774 unter der Herrschaft von Katharina II. Expeditionen nach Südrußland und an den Oberlauf des Amur durch, wo er die Morphologie und Geologie dieser Gebiete studierte.
Ab 1845 sorgte die in Petersburg gegründete und mit großzügigen Mitteln ausgestattete Geographische Gesellschaft Rußlands für weitere systematische Erforschungen.
Nach diesem Ausblick auf die russische

Geschichte der Eroberung Sibiriens lohnt sich ein kurzer Streifzug durch die eigene und eigentliche Geschichte dieses großen und vielfältigen Landes. Schon im 11. Jahrhundert befuhren einige „Fluß"-Piraten aus Groß-Nowgorod den Unterlauf des Flusses Ob, und mit der Annektion von Nowgorod am Ende des 15. Jahrhunderts hatte sich der rund um Moskau entstehende Staat auch nach Osten ausgedehnt. Gewisse Zonen Sibiriens werden schon zu Beginn des 16. Jahrhunderts in Dokumenten der Zaren erwähnt, und der Pelzhandel war damals schon so umfangreich, daß der Geldwert nach einer Anzahl von Marderfellen berechnet wurde. Jagd und Pelzgewinnung in großem Stil unterstanden während des ganzen 16. und während des 17. Jahrhunderts der Aufsicht des Staates selbst, der gegen Ende des 17. Jahrhunderts ungefähr ein Drittel des Staatseinkommens aus Sibirien bezog.

Zaristische *Ukasse* regelten in jenen Zeiten die Beziehungen zwischen Westen und Osten; von besonderer Bedeutung war der folgende Erlaß aus dem Jahr 1641, der sich mit der Behandlung der eingeborenen Bevölkerung Sibiriens auseinandersetzt:

„Unsere Beamten müssen folgender Dinge eingedenk sein: Wenn sie den Jasak (Pelztribut) einziehen, dürfen sie die zur Abgabe angehaltenen Menschen weder ungerecht behandeln noch bedrängen. Sie müssen beim Eintreiben des Jasak für den Gosudar mit Güte und Freundlichkeit vorgehen, nicht mit Grausamkeit und Zwang, wenn der Tribut Gewinn bringen soll. Die Abgabe soll möglichst groß sein, darf aber nur einmal im Jahr erhoben werden; der Jasak darf nicht zwei- oder dreimal jährlich eingefordert werden. Und wenn die Bewohner von neu eroberten Gebieten Ungehorsam zeigen, sollen sie zuerst mit Güte behandelt werden. Erst wenn sie auf keine Weise gütlich zur Einsicht gebracht werden können, ist militärisch gegen sie vorzugehen, aber ohne großen Schaden anzurichten, damit sie mit Milde unterworfen werden können. Woiwoden, Sekretäre, Beamte und Soldaten dürfen in ihrem Haus keine Fremden aufnehmen, auch nicht deren Frauen oder Kinder. Es dürfen bei ihnen keine Einkäufe getätigt werden. Man soll auch nicht versuchen, sie zu taufen. Sie dürfen nicht mit nach Moskau genommen und mit niemandem dorthin geschickt werden, damit die Bevölkerung Sibiriens gedeihe und das Land nicht zur Wüste werde. Wenn sich aber einige der Tributpflichtigen aus eigenen Stücken taufen lassen wollen, soll man sie taufen, vorher aber ganz genau abklären, ob dies wirklich aus eigenem Willen geschieht. Nach ihrer Taufe soll man ihnen einen Posten im Staatsdienst anbieten und sie mit Geld und Naturalien entlöhnen; sie sollen je nach ihrer Stellung in Posten eingesetzt werden, die von zurücktretenden Russen freigemacht werden. Wenn Frauen sich taufen lassen wollen, soll man sie taufen und sie mit Neugetauften oder im Staatsdienst stehenden Russen verheiraten."

Im 18. Jahrhundert begann die systematische Erforschung der Bodenschätze und die Ausbeutung der Eisen- und Goldminen im Ural, im Altai und in Sibirien. In diesen Minen arbeiteten vor allem Leibeigene zugunsten des „Eigentums des Kabinetts", also des regierenden Zaren.

Zu den Leibeigenen kamen bald so viele vom Gesetz Verbannte hinzu, daß Sibirien sehr rasch zu einem Synonym für Deportation wurde.

Am Ende des 16. Jahrhunderts wurden sämtliche Einwohner der Stadt Uglitsch im Zusammenhang mit der Ermordung des Zarewitsch Dmitri Iwanowitsch von der Obrigkeit nach Sibirien verbannt. Mit ihnen wurde auch die große, bronzene Stadtglocke deportiert, nachdem sie ihrer Griffe entledigt worden war; sie wurde „angeklagt", während der Ermordung von Dmitri geläutet zu haben.

7

8

Die längste Eisenbahn der Welt

Der Bau der längsten Eisenbahn der Welt, angesichts der riesigen, geländebedingten Probleme ein wahres modernes Weltwunder, brachte für die östlichen Regionen einen entscheidenden Umschwung.

Die am 1. März 1891 begonnenen Arbeiten waren am 1. Januar 1906 vollendet. Die Gesamtkosten für dieses Werk beliefen sich damals auf 385 Millionen Rubel. Der Eisenbahnbau veränderte aber auch die Bevölkerungssituation in Sibirien, wo die Zahl der Einwohner jahrhundertelang nie größer als vier Millionen gewesen war. Einsame Dörfer entwickelten sich in wenigen Jahrzehnten zu großen Städten.

In der Mitte des 19. Jahrhunderts ließ sich der Bau einer raschen und vernünftigen Verbindung nach Osten nicht mehr länger aufschieben.

Die ersten Eisenbahnpläne gehen auf das Jahr 1850 zurück, doch stand die Reihenfolge der Arbeiten erst am 17. März 1891 endgültig fest, und mit dem Bau wurde effektiv im Mai begonnen.

Von Tscheljabinsk am Fuß des Ural ausgehend, im Anschluß an die Strecke Moskau – Samara (Kuibyschew) – Slatoust, führte die neue Linie über Omsk, Krasnojarsk und Nertschinsk nach Sretensk. Der östlichste Abschnitt verband Chabarowsk mit Wladiwostok. Eine ungefähr 7500 km lange Schienenstraße durch unwegsame und unendliche Weiten.

Gottardo Garollo schreibt 1898 (a. a. O.):

„Die 1893 ernsthaft begonnenen Arbeiten schritten im Westen und im Osten mit unglaublicher Geschwindigkeit voran. Ab 1895 leitete eine kaiserliche Kommission unter dem Vorsitz von Generalleutnant Petrow die Arbeiten mit größter Umsicht; gleichzeitig führte sie auch Untersuchungen über die Wasserwege und das wirtschaftliche Potential der Regionen entlang der großen Eisenbahnlinie durch. 70.000 Arbeiter standen gleichzeitig an den verschiedenen Teilstrecken im Einsatz. 1896 war der ganze westliche Abschnitt von Tscheljabinsk bis Krasnojarsk fertiggestellt, ebenso die südliche Hälfte jenes Abschnittes ganz im Osten von Wladiwostok nach Grafskaja, und zur gleichen Zeit wurden die Arbeiten an den verschiedenen Teilstrecken zwischen Krasnojarsk und Sretensk mit großer Eile vorangetrieben.

Die größten Schwierigkeiten auf dem langen Westabschnitt boten der große Mangel an Trinkwasser und das Fehlen von jeglichem Steinmaterial zum Bau. Zu den größten Kunstbauten jener Zeit gehört die Brücke über den Irtysch bei Omsk, deren Verkleidung aus Granit besteht (er wurde über eine Distanz von rund 800 km herbeigeschafft). Auf die größten Schwierigkeiten im Osten stieß man am Chankasee und im Ussurital: das Gelände war trügerisch und sumpfig, im Sommer herrschten große Hitze und Mückenplage, im Winter beißende Kälte (bis –40°C). Dort erreichte die Sterblichkeit der Arbeiter (unter ihnen viele Chinesen, aber auch Koreaner und Japaner) erschreckende Ausmaße."

Die späteren Geländegewinne am Amur und um Wladiwostok bedingten eine Vereinfachung der Transporte in den Fernen Osten.

Zuerst dachte man an Kanalverbindungen unter den schiffbaren Flüssen. Doch war der Hof in Petersburg nicht dieser Ansicht, und da die viele Tausend Kilometer langen Eisenbahnen auf dem amerikanischen Kontinent schon Wirklichkeit waren, begann man auch hier an die Durchführbarkeit dieser Lösung zu glauben.

1870 begann die Transsibirische Eisenbahn auf dem Papier Gestalt anzunehmen; man überlegte drei Streckenführungen, eine nördliche, eine mittlere und eine südliche. Man gab schließlich der südlichen den Vorzug, weil sie für die Verbindungen mit Mittelasien am geeignetsten erschien, und 1875 stand dieser Plan endgültig fest.

Der russisch-türkische Krieg brachte dann aber einen Aufschub bis zum Jahre 1882.

Im Jahr 1887 beschäftigten sich Techniker und Experten im Auftrag von Zar Alexander mit den Vermessungen rund um den Baikalsee.

Am 19. November 1891 wurden die Arbeiten von Wladiwostok aus in Angriff genommen. Die gesamte Streckenlänge von Moskau über Swerdlowsk und Chabarowsk nach Wladiwostok be-

9

10

7–10
Die Ingenieure, die die Bauarbeiten an der Transsib leiteten: O. P. Wiasemski, N. P. Meieninow, K. J. Michailowski und A. N. Puschetschnikow.

trägt 9172 km; über Tscheljabinsk sind es 9476 km. Verschiedene Nebenlinien erschließen auch die etwas abseits von der Hauptstrecke liegenden Gebiete.
Der damalige Fürst Nikolaus II. bezeichnete die Transsib zur Zeit ihres Anfangs als „Werk der Zivilisation und des Friedens", und dies ist ja auch im weitesten Sinn das Ziel jedes Verbindungsweges, auch wenn die Transsib im engeren Sinn mehrmals zur raschen Verschiebung von Truppen benützt worden ist. Der Zar hatte in einem Erlaß seinen Sohn mit der Eröffnung des Werkes beauftragt:
„Kaiserliche Hoheit,
Nachdem ich befohlen habe, mit dem Bau einer Eisenbahn quer durch ganz Sibirien zu beginnen, welche die verschiedenen und von der Natur in so reichem Maße begabten Provinzen dieses Landes mit dem Eisenbahnnetz im Innern des Reiches verbinden wird, beauftrage ich Euch, allen meinen Willen kundzutun, wenn Ihr nach dem Besuch der fremden Länder des Orients wieder Fuß auf russischen Boden setzt.
Darüber hinaus beauftrage ich Euch, in Wladiwostok den ersten Stein für den Ussuri-Abschnitt der großen sibirischen Eisenbahn zu setzen, deren Bau auf Kosten des Staates und unter unmittelbarer Aufsicht der Regierung erfolgt.
Eure wichtige Mitarbeit am Anfang dieses Unternehmens wird feierlich zum Ausdruck bringen, wie sehr ich den Wunsch hege, die Beziehungen Sibiriens zu den andern Teilen des Reiches zu erleichtern, und sie wird diesem Land, für das ich eine besondere Zuneigung empfinde, verdeutlichen, wie sehr ich um seine friedliche Entwicklung besorgt bin.
Ich erflehe vom Himmel seinen Segen für die lange Reise durch Rußland, die noch vor Euch liegt, und versichere Euch meiner aufrichtigen Liebe. Alexander"
Die Strecke, die mehr oder weniger dem 55. Breitengrad folgt, wurde pro Jahr um ungefähr 600 Kilometer vorangetrieben. Ihre Brücken sind insgesamt beinahe achtundvierzig Kilometer lang; eines der bemerkenswertesten Bauwerke jener Zeit ist bestimmt die 895 m lange imposante Brücke über den Jenissei.

I. N. Durnowo, der Vorsitzende des Ministerrates, wurde mit der Leitung des Komitees der Transsibirischen Eisenbahn beauftragt. Ihm zur Seite standen M. I. Khilkow, der Verkehrsminister, S. I. Witte, der Finanzminister, und A. M. Kulomsin, der Mitinitiator des Unternehmens. Die Arbeiten wurden von den Ingenieuren K. I. Michailowski, O. P. Wiasemski, A. N. Puschetschnikow und N. P. Meieninow geleitet.
Die lange Eisenbahnlinie kann in drei Abschnitte unterteilt werden.
Die westliche Transsib führt von Tscheljabinsk, der eigentlichen Endstation dieser gigantischen Eisenbahn, über Omsk nach Nowosibirsk am Ob; sie ist 1417 km lang.
Die zentrale Transsib führt vom Ob über 1871 km via Krasnojarsk am Jenissei nach Irkutsk.
Von dort aus führt der östliche Abschnitt der Bahn in einem Bogen um den Baikalsee herum nach Transbaikalien; die nördliche Zweiglinie folgt dem Fluß Amur nach Chabarowsk und führt dann nach Wladiwostok hinunter; der südliche Zweig erreicht Wladiwostok durch die Mandschurei.
Der Amur bildet die Grenze zwischen Rußland und der Mandschurei. Die linksufrige Bahnlinie verläuft ganz auf russischem Territorium, während der südliche Zweig nur auf 495 km über russisches Gebiet und auf 1520 km durch die Mandschurei führt. Es sei daran erinnert, daß die Reise von Tscheljabinsk durch die Mandschurei nach Wladiwostok rund 7000 Kilometer lang ist. Wichtige Nebenlinien der Transsib verbinden Nowosibirsk mit Taschkent und mit Krasnowodsk am Kaspischen Meer.
Der östliche Abschnitt von Tscheljabinsk an den Ob wurde 1895 eingeweiht, die Strecke vom Ob nach Irkutsk zwei Jahre später.
Die Linie ist seit 1903 durchgehend in Betrieb.

11

12

11
Der Vorsitzende des Komitees der Sibirischen Eisenbahn und Vorsitzende des Ministerrates I. N. Durnowo.

12
Flaminio Pagani (1864–1935) aus Como (rechts außen, sitzend), der Leiter der Baustellen am Südufer des Baikalsees.

Zur Zeit des Eisenbahnbaus

Die Situation in Sibirien zur Zeit des Eisenbahnbaus geht aus Reisebeschreibungen hervor, so zum Beispiel aus der umfangreichen und genauen Schilderung von Charles Vapereau aus dem Jahr 1899.
Seine Reise führte ihn, teils zu Wasser, teils zu Land, von Peking nach Schanghai, Nagasaki, Pusan, Wladiwostok, Alexandrowsk, Chabarowsk, Altasine, Tschita, Irkutsk, Tomsk, Tobolsk, Perm, Moskau, Leningrad, Warschau, Wien, Basel und Paris. Deshalb beschreibt er sehr ausführlich Wladiwostok und einen großen Teil jener Gebiete und Städte, durch die auch die Transsib fährt. Vapereau sagt, die Russen wären sehr stolz auf den Hafen von Wladiwostok gewesen, den sie als das neue Goldene Horn des Fernen Ostens bezeichneten.
Die Stadt war bemerkenswert stark befestigt, und vom Meer her schien sie uneinnehmbar; wenn ihr Hafen nicht während vier Monaten im Jahr von Eis blockiert wäre, hätte er zu einem der schönsten auf der ganzen Welt werden können.
Die Reede von Wladiwostok gleicht in der Tat einer Mondsichel oder einem Horn, dessen Zugang von einem Berg bewacht wird und dessen Landzunge mit ihrer üppigen Vegetation sich halbkreisförmig zwischen dem Festland und der russischen Halbinsel hinzieht.
Vom Goldenen Horn aus erfaßt man mit einem Blick den ganzen Hafen, um den herum die Stadt wie ein Amphitheater angelegt ist. Beherrscht wird das Bild von den großen Bauten der Kasernen. Schon 1892 dominierten die Militärgebäude, die Magazine und die Kohlenlager die ganze Stadt.
1892 bestand Wladiwostok vorwiegend aus Holzhäusern; sie wurden überragt von den vergoldeten Kuppeln der Kathedrale, von ein paar wenigen Steingebäuden und von einem Triumphbogen, auf dem seinerzeit noch der Kaiseradler thronte. Die Telegraphenleitungen folgten den Poststraßen von Nikolajewsk nach Petersburg.
Die Stadt Chabarowsk (in Vapereaus Text Kabarowka genannt) präsentierte

13

14

13–14
Das Verlegen der Schwellen und Schienen in Transbaikalien.

15

16

15–16
Italienische und russische Bauarbeiter am Baikalsee.

17

18

17–18
Ein Tunnel am südlichen Ufer des Baikalsees und das Schienenende, an das eine von italienischen Arbeitern erbaute Brücke am steilen Ufer des Baikalsees angeschlossen wird.

19

20

19
Ein Kirgisenlager in der Steppe.
20
Durch Roden und Ausheben von Erde wird das Gelände zum Verlegen der Schienen vorbereitet.

sich dem Reisenden am Ende des letzten Jahrhunderts wie folgt:
„Wir erreichen Chabarowsk nur mit einer Stunde Verspätung. Schon sehen wir vom Hügel aus ein großes, abseits stehendes Gebäude, das von Soldaten bewacht wird. Es ist das Pulvermagazin. Dahinter steht ein weiteres, wichtigeres Gebäude, das Gefängnis. Dann erkennen wir die Dächer der Stadt, die Glockentürme der Kathedrale, die Murawjow-Spitze an der Ussurimündung, an der beim Zusammenfluß von Amur und Ussuri die Statue des Amur-Eroberers emporragt."
Nach dem Aussteigen aus dem Boot eine typische Lokalszene:
„Unvermittelt taucht um eine Straßenbiegung eine herrliche, von zwei prächtigen Pferden gezogene Troika auf; die Zügel hält eine junge, elegante Frau.
Die Stadt steht auf drei fast parallel verlaufenden Hügelzügen. Zuoberst auf jedem Hügel verläuft eine breite Straße; sie werden untereinander durch schnurgerade Querstraßen verbunden, die der Geländeform folgen, welche man mit Erdaufschüttungen auszugleichen versucht hat.
Kutscher und Pferde scheinen sich jedenfalls an dieses Auf und Ab gewöhnt zu haben."
Offensichtlich trennt ein ganzes Jahrhundert diese Stadt von den Städten Westeuropas.
Der Landesteg befindet sich am Fuße des mittleren Hügels.
Die Leute in den Geschäften vermitteln einen Eindruck von diesem Völkergemisch, zu dem auch die Chinesen gehören und aus dem sich das riesige russische Reich zusammensetzt. Es gibt viel mehr Frauen als Männer.
Zahlreich sind die Chinesen, die tausend kleinen Beschäftigungen nachgehen.
Aufgrund lokaler Bräuche gibt es ziemlich unterschiedliche Abstände zwischen den einzelnen Mahlzeiten, an die sich der Magen des Reisenden etwas gewöhnen muß: man nimmt um 15 Uhr das Mittagessen ein, um 19 Uhr das Abendessen.
Die Häuser sind vorwiegend aus Holz und besitzen eine gedeckte Terrasse voller Blumen, eine Art Balkon, der im Winter mit Doppelscheiben abgeschlos-

21

22

21
Eine provisorische Holzbrücke für die Versorgungszüge.
22
Sibirische Holzhauer in einem Lager mitten im Wald.

23

24

23
Eine Lokomotive für einen Versorgungszug wird mit einem Schiff ans andere Ufer des Jenissei gebracht.
24
Die 895 m lange Eisenbahnbrücke über den Jenissei.

25

26

27

25
Russische Bauern trinken während des Aufenthaltes in einer Station den traditionellen Tee.

26
Eine der vielen Brücken im Schienennetz der Transsib. Aneinandergereiht ergäben sie eine Strecke von 48 km Länge.

27
Ein typischer Bahnhof irgendwo auf der Strecke der Transsib.

28

29

30

sen wird. In diesen Veranden trifft man sich zum Tee.

Vor der Stadt liegt die Ussuri-Insel, Gegenstand einer großen Auseinandersetzung zwischen Russen und Chinesen. Die Chinesen behaupten, die Insel werde von zwei Flußarmen des Ussuri umspült und gehöre deshalb zu China, weil die vom Ussuri gebildete Grenze weiter nördlich liege. Die Russen hingegen vertreten die Auffassung, die Insel liege zwischen zwei Flußarmen des Amur, weshalb der Südarm die Grenze bilde und die Insel russisch sei. Schließlich trug die russische Diplomatie geographisch den Sieg davon.

Die Reise geht auf dem Dampfer „Murawjow" weiter. In ein paar Jahren wird sein mit Menschen aller Rassen überfülltes Deck der Vergangenheit angehören. Die Reise auf dem Fluß verläuft jedoch etwas weiter südlich als die Transsib. Das andere Schiff, das den Reisenden zur Verfügung steht, ist die „Jermak", benannt nach dem Eroberer von Sibirien. Es ist ein typischer Dampfer, wie er für den Einsatz auf nicht sehr tiefen Flüssen gebaut wird: Dampfkessel auf dem Vorschiff, Schaufelrad am Heck, flacher Kiel.

Die Flußreise ist in Nertschinsk zu Ende; von hier aus reist man zu Land weiter. Man besteigt eine *taranta*, eine typisch russische Kutsche, die ungefähr einer dreispännigen Troika mit Rädern entspricht.

Von Nertschinsk über Tschita und Irkutsk nach Krasnojarsk verläuft Vapereaus Reise praktisch parallel zur Eisenbahn, um dann über Tomsk und Tobolsk nach Moskau abzuweichen.

Nertschinsk wurde 1654 gegründet und ist somit eine der ältesten Städte in Ostsibirien.

Goldminen in ihrer Umgebung verliehen ihr eine ziemlich große Bedeutung, doch war sie gegen Ende des 19. Jahrhunderts dem Verfall sehr nahe.

Die Reise führt durch üppige Wälder; die Straße ist kaum mehr als eine schlecht markierte Piste, welche die Kutscher, die drei- oder viermal pro Monat von einer Poststation zur nächsten fahren, allerdings ziemlich genau kennen.

Die Landschaft ist malerisch, selbst wenn die Straße durch die steppenähnliche Ebene führt, denn die Berge sind nicht weit weg. Unmittelbar nach der Ankunft bei der Poststation kehren die Pferde wieder zu ihrem Ausgangspunkt zurück. Der Kutscher kann dabei ruhig schlafen, denn die Tiere kennen die Strecke und folgen ihr im Schritt, wobei sie für den Rückweg dreimal länger brauchen als für den Hinweg. Gemäß einer Vorschrift durften die Pferde frühestens nach einer dreistündigen Ruhezeit wieder vorgespannt werden, und die Bewegungen der einzelnen Tiere wurden sorgfältig in ein besonderes Register eingetragen.

In jeder Poststation lag überdies ein versiegeltes Register für die Beschwerden der Reisenden auf, das in regelmäßigen Abständen von einem Inspektor geprüft wurde.

Mit Hilfe eines Systems mit Quittungen und Belegen konnte an jeder Station der Durchgang von Personen und Waren genau kontrolliert werden. Nach einem Aufenthalt in Tschita geht die Reise zum Baikalsee weiter, auf holprigen Straßen, durch herrliche Tannenwälder, die streckenweise durch ein Feuer zerstört worden sind; es hat die Baumstämme in nackte und schwarze Gestalten verwandelt, die in der unendlichen Landschaft vollkommen unwirklich erscheinen.

In der Umgebung der 1668 gegründeten Stadt Verchne-Udinsk gibt es Goldminen. Hier bekommt man im Jahr 1894 ausländische Zeitungen wie *Illustration*, die aber mit Druckerschwärze sehr stark zensuriert worden sind.

Die Flüsse überquert man auf großen Flößen, die als Fähren dienen. Schließlich erreicht man das Ufer des Baikalsees, der Vapereau wie ein großes Meer erscheint und der ihn an den Michigansee erinnert.

Es darf wohl erwähnt werden, daß Vapereau zufrieden gewesen ist. Von Sretensk an den Baikalsee nach 41 Pferdewechseln ohne Verspätung. Der Fahrplan ist eingehalten worden; dafür kommt das Schiff „Platon" mit Verspätung an, weil es in einen Sturm geraten ist.

Geben wir das Wort wieder Vapereau:

„Der Baikalsee ist der größte Süßwassersee Sibiriens (534 m ü. M.). Er ist 660 km lang und 40 bis 100 km breit. Seine

31

32

33

28
Die Bahnhofuhr von Omsk. Sie hat drei Zeiger, einen für die Minuten, zwei für die Stunden. Der eine gibt die Lokalzeit (11.30 Uhr) an, der andere die Moskauer Zeit (14.30 Uhr), die um drei Zeitzonen differiert (1936).

29
Eine Stationsglocke. Sie kündete die unmittelbar bevorstehende Abfahrt eines Zuges an (erster Schlag), gab eine zweite Warnung (zwei Schläge) und signalisierte die Abfahrt (drei Schläge).

30
Ein russischer Eisenbahner. Das Schild an seiner Mütze ist sowjetisch, auf seiner Gürtelschnalle hingegen prangt noch das Signet des Zaren.

31
„Kipjatok", heißes Wasser für den Tee, das an allen Stationen der Transsib erhältlich ist (1936).

32–33
Ein Bahnhof und ein typisches Stationsgebäude aus Holz (ca. 1900).

34

35

34–37
Russische Städte zur Zeit des Baus der Transsibirischen Eisenbahn und lokale Feierlichkeiten anläßlich ihrer Eröffnung.

größte Tiefe beträgt 1200 m, aber in Sibirien wird gesagt, daß der Grund noch nie erreicht worden sei.

Dampfschiffe bringen die Reisenden dreimal in der Woche in ungefähr sechs Stunden von Moissowaja nach Listwinitschnaja."

Die Überfahrten wurden jedoch oft durch wilde Stürme und im Winter durch Eis gefährlich behindert. Da man die Eisdecke im Winter nicht in einer einzigen Etappe überqueren konnte, richtete man in der Seemitte eine provisorische Poststation zum Pferdewechsel ein, sobald das Eis das Gewicht der Holzbaracken zu tragen vermochte.

Während der Tauzeit, die nicht immer genau berechnet werden konnte, ereigneten sich oft Unfälle.

Die Schiffahrt auf dem Baikalsee wurde im Jahr 1844 aufgenommen.

Die Straße, die südlich um den See herum nach Irkutsk führte, war nur wenig befahren. Sie war deshalb auch nicht besonders sicher für die Reisenden, die die Überfahrt über den See vorzogen.

Der Landweg war noch aus einem andern Grund unbequem: da er nicht sehr stark befahren war, verfügte er nicht über perfekt organisierte Poststationen. Oft waren bei der Ankunft die Austauschpferde nicht im Stall, sondern weideten irgendwo auf den umliegenden Anhöhen. So mußte man sie Mal um Mal zuerst einfangen, und dadurch ging natürlich viel Zeit verloren.

Irkutsk liegt 500 Meter über Meer. Am Ende des 19. Jahrhunderts, als die Transsibirische Eisenbahn erbaut wurde, lag die Stadt inmitten von herrlichen Wäldern.

Die Stadt zeigt heute ein modernes und anonymes Gesicht. Damals bestanden die Gebäude aber größtenteils aus Holz. Ein großer Brand zerstörte im Jahr 1879 „3600 Häuser, 10 Kirchen, zwei Basare, den Zoll und einen großen Markt". Praktisch zwei Drittel der Stadt fielen ihm zum Opfer. Dennoch wurde alles wieder aus Tannenholz aufgebaut. Im Brandfall war die Wasserzufuhr natürlich vollkommen ungenügend, und es mutet wirklich seltsam an, daß die Einwohner von Irkutsk nie auf den Gedanken gekommen sind, mit großen Leitungen Wasser vom nahen und 34 m

36

37

38

39

38–39
Die „Baikal", ein Fährschiff mit vier Schornsteinen, und ihr Zwillingsschiff „Angara" wurden in England gebaut, in Einzelteilen zum Baikalsee transportiert und dort zusammengesetzt. Trotz ihrer 25 Dampfkessel mußte die „Baikal" den Verkehr einstellen, wenn der See zufror.

höher gelegenen Baikalsee in die Stadt zu holen. Der einzige Schutz vor dem Feuer war ein Gesetz, das Rauchen auf offener Straße verbot.
Die Stadt war Sitz eines orthodoxen Erzbischofs, sie besaß zwei Kathedralen, ungefähr dreißig orthodoxe Kirchen, je eine katholische und eine reformierte Kirche und eine Synagoge. Zwischen Irkutsk und Krasnojarsk gab es größere und besser entwickelte Dörfer als in Transbaikalien. Am Ein- und Ausgang der Orte standen Holzschilder, auf denen die Zahl der weiblichen und männlichen Einwohner sowie der Viehbestand aufgeführt waren.
Als freundliche Aufmerksamkeit wurden den Reisenden an den Poststationen Heidelbeeren angeboten.
Die Dörfer waren meistens von Holzpalisaden mit Toren umgeben, an denen alte Dorfbewohner Wache standen.
Da es noch keine Eisenbahn gab, fuhren ganze Wagenzüge über die Straßen. Sie bestanden größtenteils aus einspännigen Karren in schlechtem Zustand. Man kam nur langsam voran, und zwischen den Pferdewechseln waren lange Distanzen zurückzulegen. Jeder Konvoi wurde aber von rund einem Dutzend bewaffneter Männer begleitet. Reisende jener Zeit berichteten, daß die Eskorte normalerweise lieber auf den Karren schlief, als über die Sicherheit des Konvois zu wachen.
Die im Jahr 1627 gegründete Stadt Krasnojarsk hatte 1892 ungefähr 18.000 Einwohner. Auch sie wurde im Jahr 1881 teilweise durch einen Brand zerstört, doch verwendete man zu ihrem Wiederaufbau nicht mehr so viel Holz, sondern vor allem Stein. Nach Krasnojarsk schlug Vapereau einen Umweg nach Norden ein.

40

41

40–41
Innenraum und Außenansicht eines Kirchenwagens zu Beginn dieses Jahrhunderts.

42

43

44

42–44
Innenansichten von Waggons der Transsibirischen Eisenbahn zu Beginn unseres Jahrhunderts. Zwei Salons und eine Kabine mit Bad.

Technische Probleme

Die technischen Probleme beim Bau der Transsibirischen Eisenbahn waren – gelinde gesagt – gigantisch: Schuld daran waren die Vielfalt des Geländes, die Berge, Flüsse und Seen sowie die Beschaffenheit des Bodens, der bald sehr weich und sumpfig, bald sehr hart und felsig ist.
Die Gebiete um Tomsk, am Jenissei und in Transbaikalien werden auch heute noch regelmäßig überschwemmt.
Allein die Brücken über die vielen Flüsse sind insgesamt über 48 km lang.
Die größten Schwierigkeiten ergaben sich in der Gegend des Baikalsees, zwischen Irkutsk und Ulan.
Eine Kurznachricht in der Nummer 4 von *Le Tour du monde* vom 17. April 1894 (S. 59) vermittelte einen Eindruck von diesem Problem:
„Das Komitee der Transsibirischen Eisenbahn hat eine wichtige Entscheidung getroffen: jenes Teilstück der zukünftigen Eisenbahn, welches am Westufer des Baikalsees entlangführen sollte und rund sechzig Millionen Francs (damalige Währung) gekostet hätte, wird angesichts der baulichen Schwierigkeiten durch einen kürzeren Abschnitt ersetzt, der viel weniger kostet und von Irkutsk nach Listwinitschnaja am Baikalsee führt. Während acht Monaten im Jahr werden Reisende und Waren mit eigens gebauten Schiffen über den See transportiert.
Im Winter wird eine provisorische Bahnlinie über das Eis gelegt werden. Auf diese Weise wird die Verbindung jeweils nur für ein paar Tage unterbrochen sein. Das Komitee teilt auch mit, daß acht Zehntel der Trasse (der Eisenbahn) auf der Strecke Tscheljabinsk–Omsk fertiggestellt und die Geleise auf ungefähr einem Drittel des Abschnittes verlegt worden sind. Auf der Ussuri-Linie stehen ungefähr 120 km der Linie für den Verkehr zwischen Wladiwostok und Nikolskoja offen.
Man hat beschlossen, unverzüglich mit den Arbeiten auf dem Teilstück Atschinsk–Krasnojarsk zu beginnen, da dies – einmal vollendet – den Transport von Baumaterial, Schienen, etc. sehr stark erleichtern wird, vor allem wenn man daran denkt, Europa mit dem Arktischen Ozean zu verbinden.
Die Arbeiten an den Linien Omsk–Ob und Ob–Krasnojarsk sind in vollem Gange."
Es war deshalb notwendig geworden, eine lange Eisenbahnstrecke am Südufer des Baikalsees entlangzuführen, weil der ursprüngliche Plan, eine Fähre einzusetzen, daran scheiterte, daß der See während Monaten zugefroren und die Überfahrt von Menschen und Waren auf Schlitten sehr gefährlich ist, weil im Eis urplötzlich Risse von über 60 km Länge entstehen können.
Mit einer 250 km langen Bahnstrecke war dieses Problem gelöst; es bot jedoch ungeheuer große Schwierigkeiten, denn das Seeufer besteht abwechslungsweise aus sehr hartem, dann wieder aus sehr weichem Material. Beide Geländearten eigneten sich absolut nicht für den Bau von Tunnels, denn entweder mußte man sehr tief ins Innere vorstoßen oder man mußte das Gelände mit gewaltigen Mauern stützen und absichern. Die Baustelle am Baikalsee stand unter der Leitung des Italieners Flaminio Pagani (1864–1935), gebürtig aus Como. Dieser Spezialist für Eisenbahnbau war nicht nur in Sibirien, sondern an vielen andern Orten im Balkan und auch in Indien tätig. Mit ihm waren viele andere Italiener am Baikalsee, meist Arbeiter aus den Abruzzen; sie waren im Jahr 1902 in Stolkj stationiert. Die jüngsten von ihnen waren Nunzio Della Cagna mit 17 und Anatolio Morante mit 15 Jahren, beide aus l'Aquila.
Auch andere Teilstrecken der Transsib wurden von italienischen Arbeitern erbaut; im Jahr 1902 standen rund 20 Baufirmen aus Italien in Sibirien im Einsatz.
Die Zahl der italienischen Techniker und Spezialarbeiter auf den verschiedenen Baustellen wird auf 400 geschätzt.
Zu den Merkwürdigkeiten der Transsibirischen Eisenbahn gehören die Bahnhofuhren, die nicht nur die Lokalzeit, sondern auch den Unterschied in den verschiedenen Zeitzonen mit Bezug auf Moskau angeben. Die Transsib durchquert in der Tat zehn Zeitzonen, die sich jeweils über 15 Längengrade erstrecken. Aus diesem Grund hat jede Uhr drei Zeiger, einen für die Minuten

und zwei für die Stunden. Wenn es also in Omsk 14.30 Uhr ist, entspricht dies der Moskauer Zeit von 11.30 Uhr.
Eine andere Kuriosität sind die Stationsglocken, die auf die Abfahrt der Züge aufmerksam machen. Mit dem ersten Schlag werden die Reisenden gewarnt; zwei Schläge bestätigen die Warnung, und bei drei Schlägen setzt sich der Zug in Bewegung.
An den Bahnhöfen gab es schon von allem Anfang an einen Hahn, der den Reisenden heißes Wasser für den Tee spendete. Schilder warnten vor dem Genuß von ungekochtem Wasser, um Infektionskrankheiten infolge Wasserverschmutzungen zu vermeiden. M. Wormstall erzählt, daß die Passagiere (1936) noch vom fahrenden Zug abgesprungen seien, um auch ja genügend heißes Wasser zum Nachfüllen ihrer Teekannen (tschjainik) zu erobern, die jedermann auf der Reise bei sich hatte. Dabei habe sich jeweils ein richtiger Kampf entsponnen, bis die Vorräte erschöpft waren.
Eine historische Kuriosität hingegen ist die Fähre auf dem Baikalsee zwischen Irkutsk und Missowsk.
Die „Angara" und die „Baikal" wurden in England gebaut, in Einzelteilen zum Baikalsee transportiert und dort montiert. Die mehrdeckige „Baikal" mit ihren vier hohen Schornsteinen wurde von fünfundzwanzig großen Dampfkesseln angetrieben. Dessenungeachtet wurde das große Schiff im Winter durch das Eis blockiert, denn die Eisbrecher, über die das Schiff verfügte, waren nicht stark genug, die Eisdecke des Baikalsees aufzubrechen.
Kurios ist auch die indirekte Dokumentation über die Transsib in einer Reihe von Liebig-Figuren aus dem Jahr 1904, ein untrügliches Zeichen für die große Beliebtheit dieses Themas in ganz Europa. Farbenfrohe Vignetten zeigen die Städte Tscheljabinsk, Irbit, Tobolsk, Irkutsk, Krasnojarsk und Wladiwostok, Ansichten des Baikalsees, einen Markt in Nertschinsk und ein Kosakendorf am Amur. Die kurzen Bildlegenden auf der Rückseite geben nicht nur über die historischen und geographischen Einzelheiten Auskunft, sondern auch über die Alltagssitten der verschiedenen Völkerstämme, aus denen das riesengroße ethnische Mosaik Sibiriens zusammengesetzt ist.

Bibliographie

Ardemagni Mirco, „Viaggio sulla Transiberiana", in: L'Illustrazione Italiana.

Baikalow A. W., „The Conquest and Colonisation of Siberia", in: The Slavonic Revue, 10, 1931/32, S. 557–571.

Garollo Gottardo, „L'Europa in Cina e la grande strada ferrata Siberiana", in: Nuova Antologia, Vol. LXXIII, Serie IV, 1. Januar 1898, S. 146–157.

George Pierre, „I Cinquant'anni della Transiberiana", in: Le vie del Mondo, 1935.

Gitermann Valentin, *Storia della Russia.* Florenz, 1973.

Immanuel F., „Russische Eisenbahnen in Asien", in: Petermann's Mitteil., 1893, S. 102 ff.

Jürgensohn Arved, „Sibiriens Wasserstraßen", in: Petermann's Mitteil., 1895, S. 243 ff.

Mantegazza Vico, „Da un oceano all'altro in ferrovia", in: Il Secolo XX, 1904, S. 463–480.

Pagani Flaminio, „Gli Italiani che presero parte alla costruzione della Transiberiana", in: Realtà Sovietica, März–April 1978, S. 52–65.

Salmon Th., *Lo stato presente di tutti i Paesi e Popoli del Mondo.* Venedig, 1735, Vol. V, S. 571 ff.

Vapereau M. Charles, „De Pékin à Paris", in: Le Tour du Monde, 1894, Vol. LXVII, S. 117–257, und Vol. LXVIII, S. 193–240.

Wormstall M., „La piú lunga ferrovia del Mondo, la Transiberiana", in: Le vie del Mondo, 1936, S. 75 bis 95.

Inhaltsverzeichnis: